AF379800

Ricarda Huch

Wallenstein

e-artnow 2021

Ricarda Huch

Wallenstein

Eine Charakterstudie

e-artnow, 2021
Kontakt: info@e-artnow.org

ISBN 978-80-273-4192-4

Das siebzehnte Jahrhundert war für das Deutsche Reich die Zeit der Auflösung: die einzelnen Organe des ungeheuren Körpers waren so selbständig geworden, daß die Kraft des Mittelpunktes nicht mehr ausreichte, sie zusammenzufassen. In ganz Europa war während des Mittelalters mit dem Feudalsystem die Vielheit der Grundgedanke der Staatenbildung gewesen, nirgends aber so im Wesen der Nation wurzelnd wie in Deutschland. Die strenge und kahle Einheit, die dem Romanen entspricht, widersteht dem kindlich phantasievollen Germanen, den es zur Fülle der Einzelerscheinung drängt, und dieser Geistesverfassung gemäß gestalteten sie die von den Romanen übernommene Idee des Weltreichs überschwenglich um. Sie wurde desto formloser, je weiter die Grenzen der Erde sich ausdehnten, vollends aber durch den Zusammenhang mit der weltumfassenden Kirche.

Daß der Süden Deutschlands Italien mehr zuneigte, war schon durch die geographische Lage und alles damit Zusammenhängende bedingt; in der Glaubensspaltung kam diese Verschiedenheit der Richtung unausgleichbar zum Ausdruck. Durch das in eine Menge von Einzelexistenzen zerfallende Reich war damit ein Schnitt geführt, der es in zwei gegensätzliche Hälften teilte, von denen die südliche als Sitz der Kaisergewalt stärker war, die nördliche als Quell frischer Energien und als Träger einer neuen, zweckmäßigeren politischen Idee.

Hätten sich nur die kaiserliche Zentralgewalt und die protestantischen Rebellen gegenübergestanden, so wäre ein entschiedener Sieg auf der einen oder anderen Seite möglich gewesen; aber in einem weit unheilbareren Gegensatz zum Kaiser standen seine uralten Gegner, die Aristokraten, von denen die vornehmsten, die Kurfürsten, in ihrer Gesamtheit ihm überlegen waren. Der Kaiser war für das Reich, das er nicht unmittelbar beherrschte, der Quell der Rechte und Freiheiten; es bezeichnet die Verzwicktheit der Verhältnisse, daß die Fürsten, insbesondere die Kurfürsten, sich die Vorkämpfer der deutschen Libertät nannten, womit sie ihre Unabhängigkeit vom Reichsoberhaupte meinten. Dies hätte die Städte, deren Selbständigkeit auf der Abhängigkeit vom Kaiser beruhte und durch die zunehmende Libertät oder Übermacht der Fürsten bedroht war, nicht täuschen können, wäre nicht der Kaiser zugleich Fürst, wäre er nicht katholisch und mit Spanien verbündet gewesen, wodurch er zum Feind auch ihrer Freiheit wurde, sowohl der äußeren wie der inneren. Ein Wirrwarr von Beziehungen ergab sich aus dem doppelten Gegensatz, so daß des Kaisers schärfste politische Gegner, die Kurfürsten, soweit sie katholisch waren, doch seine Stütze bildeten, während sie untereinander durch den Glauben getrennt und von den übrigen Fürsten durch ihre höheren Ansprüche geschieden wurden. Die natürlichen Verbündeten des Kaisers, die freien Städte, machte ihr evangelisches Bekenntnis zu seinen Gegnern; andererseits warnte sie berechtigtes Mißtrauen nicht nur vor den katholischen, sondern auch vor den glaubensverwandten Fürsten.

Die Dezentralisation hätte nicht der Zustand des Reiches sein können, wenn es nicht der Zustand seiner Bewohner gewesen wäre, die um die Wende des sechzehnten Jahrhunderts anfingen, von dem Typus abzuweichen, der sich in einer Reihe von Geschlechtern herausgebildet hatte. Man könnte das siebzehnte Jahrhundert, einen Teil des sechzehnten mit hinzunehmend, das interessanteste und anziehendste, vielgestaltigste und rätselhafteste unserer Geschichte, das Jahrhundert der Degeneration oder Entartung nennen, besser noch der Abartung oder Arterweiterung, damit durch den Ausdruck angedeutet sei, daß die abnormen Individuen, die nun erscheinen, nicht notwendig schlechter als der normale Typus sein müssen, wenn sie auch zu ihrer Erhaltung und zur Erhaltung der Art weniger gut geeignet sind.

An der Spitze des zerfallenden Riesenkörpers stand die Familie der Habsburger, in ihrer seelischen Zerrüttung ein erschütterndes Symbol des dem Untergange geweihten heiligen Reiches. Der Ausgangspunkt der Krankheit, die sich mittels der vielverzweigten Herrscherfamilie wie ein zersetzender Giftstrom durch Europa ergoß, wird in Johanna der Wahnsinnigen, der Erbin Spaniens, gesucht; wie es heißt, erkrankte sie beim Tode ihres Mannes, Philipps des Schönen, und wollte seinen Leichnam nicht von sich lassen. Es scheint jedoch, daß auch die Familie Habsburg sowie die Familie Burgund, von denen Philipp, Sohn des ersten Maximilian, abstammte, bereits in Entartung begriffen waren, so daß sich in dieser verhängnisvollen Ehe die Schwäche und Begabung zweier sich auflösender Geschlechter kreuzten. Nebeneinander treten nun bei den Habsburgern eine Neigung zur Schwermut auf und eine oft bis zum Vernunftlosen und Kindischen gehende Leichtfertigkeit, welch letztere schon im Charakter Maximilians I. sich zeigte. Auf einem zeitgenössischen Bilde von Johanna der Wahnsinnigen sieht man das lange Gesicht, die lange Nase, die schwere Unterlippe, die für die Habsburger charakteristisch wurden; ihre Augen haben den gegenstandslosen, trostlosen Blick der Schwermut.

In dem Enkel Karls V., dem Kaiser Maximilian II., erschien das Krankhafte nicht so sehr als Melancholie wie als Unentschlossenheit und Schwanken; die Disharmonie seiner Anlage war nicht so groß, daß sein lebhafter Verstand sie nicht einigermaßen hätte ausgleichen können. Zu deutlicher Entfaltung kam dagegen die Krankheit, die man die spanische nannte, an Maximilians Sohn Rudolf; war doch auch durch die Heirat Maximilians mit seiner spanischen Kusine das trübe habsburgische Blut anstatt erfrischt noch mehr zersetzt. Man bemerkte an Rudolf schon in seinen Jünglingsjahren Anwandlungen von Schwermut, Neigung zur Einsamkeit, Unlust zu allen Geschäften und Unfähigkeit, Entschlüsse zu fassen; um das fünfzigste Lebensjahr zeigte sich wirkliche Geistesverwirrung. Es wechselten nun Perioden, wo der Kaiser sich von aller Tätigkeit so zurückzog, daß er nicht einmal mehr Audienzen erteilte oder Unterschriften machte, mit solchen ab, wo er mit ungewohnter Schärfe handelte und in fast despotischer Weise den Herrscher herauskehrte; allerdings nicht persönlich, denn seine Scheu vor öffentlichem Auftreten blieb sich immer gleich. Die fortschreitende seelische Auflösung offenbarte sich auch in dem, was man Verschlechterung seines Charakters nennen könnte. Wer mit ihm verkehrte, pflegte zuerst durch die gehaltene Würde seines Wesens für ihn eingenommen zu werden, lernte ihn aber früher oder später als feige, falsch, verlogen, ränkesüchtig, rachsüchtig und grausam kennen. Durch seine prahlerisch verkündeten und nie ausgeführten Pläne besonders in Hinsicht auf Verheiratung machte er sich lächerlich; er ging bis zu seinem Tode auf Freiersfüßen, teils um seine Erben zu schrecken, teils weil das Spielen mit dem Gedanken ihn reizte. Aus krankhafter Schüchternheit und um sich gehen lassen zu können, zog er den Umgang mit Leuten niedrigen Standes vor; aber auch deshalb, weil sein unausgereiftes, kindlich gebliebenes Gemüt sich in solchen Kreisen am meisten zu Hause fühlte. Wenn er nicht handeln mußte, wo er nur aufnahm und betrachtete, wirkte er sympathisch mit seiner Liebe zur Natur und zu den Tieren, seinem Heimweh nach den Bergen Tirols, wo es ihm einmal wohl gewesen war, mit seinem Sichversenken in Kunstwerke aller Art. Das Sammeln von Kunstgegenständen war unter den Fürsten Mode; es scheint aber, daß für Rudolf die Beschäftigung mit der Kunst Bedürfnis war und daß er selbständigen Geschmack hatte. Der Mensch begann damals nicht nur mehr als geschlossene Einheit, sondern als ein Teil des Naturganzen begriffen zu werden, und man kann sich vorstellen, wie dies zugleich schmerzliche und süße Gefühl des Untertauchens in den Elementen das kranke Gemüt des Kaisers beruhigt haben mag. Er liebte die Bilder von Breughel und Roelant Savery, auf denen ein chaotischer Überfluß von Geschöpfen und Dingen die begrenzte Form verschüttet. Wie fast alle Habsburger regierte Rudolf nicht selbst, sondern durch Günstlinge, die er nach einem gewissen Zeitraume stürzte, wie um sie dafür zu bestrafen, daß sie einmal Macht über ihn gehabt und seine Schwäche erkannt hatten.

Ferdinand I. und Maximilian II. suchten den Frieden im Reiche und ihre Herrschaft dadurch zu erhalten, daß sie eine vermittelnde Stellung zwischen den Religionsparteien einnahmen, so jedoch, daß ein merkliches Übergewicht auf der katholischen Seite blieb, als auf der, wenn auch erschütterten, doch legitimen und deshalb stärkeren. Rudolf hingegen, der sachlichen Anteil an den öffentlichen Angelegenheiten überhaupt nicht nahm und dem Interesse oder Verständnis für die Ideen des Protestantismus ganz fehlten, vermittelte nicht, sondern spielte die beiden Parteien gegeneinander aus, je nachdem, welche gerade seinem Ansehen am meisten zu nahe getreten war. Als das damalige Haupt der evangelischen Kampfpartei, Christian von Anhalt, ihm den Gedanken nahelegte, sich an die Spitze der Protestanten im Reich zu stellen und die Kaisermacht auf sie zu gründen, schien er davon ergriffen zu sein; aber das war nicht mehr als Spiel und Traum; der im Innersten gebrochene Mann wäre zu einem solchen Wagnis unfähig gewesen. Voll Haß und Furcht wendete er sich gegen den elastischen, tatkräftigen jungen Fürsten, der Unmögliches von ihm verlangte und der ihn vielleicht einen Augenblick angezogen hatte; diesen seinerseits erfüllte Abscheu gegen den zweizüngigen Monarchen, auf den er so große Hoffnungen gesetzt hatte.

Auch Matthias, Rudolfs jüngerer Bruder, benutzte die Glaubensspaltung, um die Regierung an sich zu reißen, aber er tat es unter Gewissensbissen und fürchtete, sich durch das Liebäugeln mit den Ketzern zu versündigen. Dergleichen Bedenken kannte der eigentliche Regent, der leidenschaftliche Kardinal Khlesl, sein Minister, nicht; doch vollzog sich in diesem, der seine geistliche Laufbahn als Wiederhersteller des Katholizismus begonnen hatte, ein Umschwung, sowie er die Regierung in die Hand bekam. Er sah nämlich ein, daß man mit dem Ziel gänzlicher Unterdrückung der Evangelischen unfehlbar einen ungeheuren Krieg anfachen würde, und da er diese Verantwortung nicht auf sich nehmen wollte, kam er sogar dahin, daß er eine Heirat des künftigen Kaisers mit einer evangelischen Fürstin plante.

Eine viel unbedeutendere und schwächere Persönlichkeit, als Khlesl war, ergriff den Gedanken durchgreifender Wiederherstellung der katholischen Kirche im Reich und hielt an ihm fest: eben der Nachfolger des Matthias, sein Vetter Ferdinand II. Er war ein Sohn des jüngsten Bruders von Maximilian II., des Erzherzogs Karl, der mit der bayrischen Prinzessin Maria vermählt war. Sie stammte von einer Tochter Ferdinands I. ab, führte den Habsburgern also habsburgisches Blut zu, fühlte sich aber durchaus als Bayerin, so daß oft ein gewisser Widerwille gegen die habsburgische Schwäche und Charakterlosigkeit bei ihr durchbrach. Im Gegensatz zu ihrem Manne war sie fanatisch, davon durchdrungen, daß die ihr anerzogenen Überzeugungen der Inbegriff der Weisheit und Tugend, alle anderen Teufelswerk wären; ihr starkes Temperament und die Unmittelbarkeit ihres Wesens versöhnen mit ihrer Beschränktheit und der stellenweise damit verbundenen Roheit.

Von den fünfzehn Kindern, die sie in zwanzigjähriger Ehe ihrem Manne gebar, starben mehrere Töchter in jungen Jahren, von den Söhnen war einer epileptisch, ein anderer so schwachen Geistes, daß seine Lehrer an seiner Ausbildung verzweifelten. In Ferdinand, ihrem Ältesten, war das Spielerische, Unreife, Kindische des habsburgischen Familiencharakters vertreten, was von seiner klugen Mutter klar erkannt wurde und ihr nicht wenig Sorgen machte. Unbewußt half er sich selbst, indem er doch eine Sache ernst nahm, nämlich die ihm von ihr eingeprägten religiösen Grundsätze, gleichsam ein Knochengerüst, das ihm festen Stand und starke Bewegung ermöglichte. Dies eingefleischte Ideal verlieh dem Kaiser die Folgerichtigkeit, die auf die Dauer Erfolg verbürgt, sie trug ihm sogar, indem sie ihn in einem Punkte unerbittlich und unbelehrbar machte, den Ruf eines Tyrannen ein. Gewisse habsburgische Eigenschaften, seine Anhänglichkeit an die Familie, seine Liebe zur Musik, seine Umgänglichkeit, sein Mutterwitz geben ihm etwas Liebenswürdiges; was ihm durchaus fehlte, war die Gewalt seelischen Erlebens, ohne welche menschliche Größe nicht denkbar ist.

Soweit Ferdinand persönlich bestrebt war, die Reichseinheit zu stärken, folgte dies nur aus dem Wunsche, die katholische Religion wieder einführen zu können. In diesem Wunsche fühlte er sich eins mit Gott und der Kirche, und überzeugt, daß diese Mächte den für sie Streitenden schirmen und belohnen würden, störten ihn auch Wagnisse, Gefahren und Mißerfolge, in ihrem Namen übernommen und erlitten, nicht in seiner Behaglichkeit, die ihm wesentliches Bedürfnis war. Sein Familienstolz machte ihn zwar gegen die Übergriffe anderer sehr empfindlich, andererseits sah er die Größe seiner Familie zu sehr als in Gottes Weltplane liegend an, als daß er für nötig gehalten hätte, sich deswegen besonders anzustrengen. Es kam dazu, daß die staatsmännische Idee, das alte Reich vor dem Einsturze zu bewahren durch Unterordnung seiner zentrifugalen Kräfte unter die befestigte kaiserliche Macht, nicht ohne Rechtsbruch durchzuführen war, und einen solchen auf sich zu nehmen, hatte Ferdinand nicht genug Selbstvertrauen, war ihm die Idee an sich viel zu gleichgültig. Er fühlte sich im Rechte, wenn er etwa einen mit den Protestanten geschlossenen Vertrag verletzte, nicht aber, wenn er die Rechte der Kurfürsten, die er in der Wahlkapitulation beschworen hatte, mißachtete.

Wir sind geneigt, jeden zu bewundern, der die Hand daranlegte, das auseinanderfallende Reich, unbrauchbar gewordene Trümmer beiseiteschiebend, gewaltsam zusammenzufassen; damals empfand man überwiegend das Rebellische eines Angriffs auf die altheiligen Mächte oder

Namen. Es gehörte entweder ein leidenschaftlicher Trieb oder eine hohe und freie Intelligenz dazu, um sich über die Scheu vor einem gewalttätigen Eingriff hinwegzusetzen. Beides hatte Wallenstein; aber ein Drittes ging ihm ab, was die wesentliche Bedingung des Handelns ist: Kraft nämlich, Sicherheit und Selbstvertrauen.

Bei jedem großen Manne ist der Trieb nach eigener Größe, man kann es Expansionstrieb nennen, das Erste und Grundlegende; diesem zufolge muß er sich dahin werfen, wo in seiner Zeit die größte Macht erreicht werden kann. Es war deshalb natürlich, daß im siebzehnten Jahrhundert die von starkem Expansionstrieb erfüllten Männer sich in den Kampf um die Herrschaft über Deutschland warfen, auch ohne daß sie bestimmt ausgearbeitete Ansichten und Pläne darüber im Kopfe hatten. Obwohl kein unwidersprechliches Zeugnis dafür vorliegt, hat doch sicherlich die allgemeine Meinung recht, die Gustav Adolf und Wallenstein zu ihren Lebzeiten nachsagte, daß sie nach der Kaiserkrone strebten, dem glänzendsten und bedeutungsvollsten Diadem der Christenheit, das von den Habsburgern aufgegeben worden war. Oxenstierna zwar widersprach der Ansicht in bezug auf Gustav Adolf und wahrscheinlich im guten Glauben; denn er war kein großer Mann, sondern nur ein bedeutender Staatsmann und läßt sich etwa mit Cavour vergleichen, der sich für die große Idee Mazzinis erst einsetzte, nachdem er sie für die Verwirklichung zurechtgestutzt hatte. Obwohl dem König persönlich nahestehend, mag er leicht für seinen innersten Drang weniger Verständnis gehabt haben als das Volk; er glaubte nur an fest umrissene, benennbare, erreichbare Ziele. Wie Gustav Adolf ging Wallenstein von dem dunklen Trieb nach dem Höchsterreichbaren aus; aber sein zweiter Flügel, der ihn hinaufgetragen hätte, hinweg über alle, auch die gerechtesten Bedenken, war gebrochen.

Die Geburt Wallensteins, im September 1583, fällt in die Regierungsjahre des unglücklichen Kaisers Rudolf, mit dem er in einigen Punkten eine verhängnisvolle Ähnlichkeit hatte. Aus seiner Kindheit und Jugend ist wenig bekannt, in bezug auf seine Persönlichkeit wesentlich das, daß man ihn den tollen Wallenstein nannte, ein Beweis, daß er von seiner Umgebung abwich und auffiel. Folgende Ereignisse und Tatsachen sind bemerkenswert: sein Übertritt zur katholischen Kirche, eine Handlung des Jähzorns aus seiner Studentenzeit, seine Verheiratung mit einer bejahrten Erbin und allerlei auf Bereicherung abzielende Machinationen.

Jede menschliche Erscheinung ist einmal in der Zeit, dann in sich selbst begründet. Nachdem im sechzehnten Jahrhundert der Protestantismus seinen Höhepunkt erreicht hatte, nahm teils seine Kraft von selbst ab, teils wurde er durch die von ihm erzeugte katholische Gegenbewegung zurückgedrängt. Von dieser wurden viele Söhne protestantisch gewordener Familien ergriffen, und es liegt die eigentümliche Tatsache vor, daß die meisten von den Männern, die im Laufe des Dreißigjährigen Krieges auf katholischer Seite eine bedeutende Rolle gespielt haben, als Protestanten geboren waren. Dies erklärt sich folgendermaßen: diejenigen Familien, die im sechzehnten Jahrhundert die neue Religion ergriffen hatten, waren die tatkräftigen, selbständigen, nach äußerer und innerer Unabhängigkeit trachtenden gewesen, während die schwachen, passiven, beschaulichen, mehr auf bequemen Lebensgenuß als auf Selbstbetätigung und Selbstverantwortung gestellten Naturen bei dem alten Glauben geblieben waren. Jene protestantischen Familien waren in einem Zeitraum von fünfzig bis hundert Jahren entartet und schwächer geworden, und ihre Glieder griffen deshalb nach den Stützen, die ihre Vorväter verschmäht hatten; doch war ihnen noch manches von der alten Tüchtigkeit geblieben, das nun der alten Religion zugute kam.

Zwar gingen allen Bekehrungen religiöse Gespräche und Belehrungen voran; denn man legte Wert darauf, das Bekenntnis als Ausdruck der Überzeugung erscheinen zu lassen; aber der materielle Vorteil, den die Konvertiten sich errangen, ist in allen Fällen klar als Beweggrund zu erkennen. Sagte doch Pappenheim mit unzweideutigen Worten, von seinem Glaubenswechsel datiere er seine glückliche Laufbahn. Damit, daß der Protestantismus eine gewisse Macht errungen hatte, ließen die Angriffskraft und der Opfermut seiner Bekenner nach; diese herrschten im ganzen nur noch bei den noch rechtlosen Kalvinern. An die Stelle des Strebens nach Daseinsberechtigung trat die Sucht nach Besitz, und davon hatten die Katholiken mehr und mit größerer Sicherheit zu vergeben als die Protestanten. Überhaupt waren die Katholiken, trotz aller Erfolge der Gegner, die Legitimen, die Evangelischen die Rebellen oder im besten Falle die Neuen, die Emporkömmlinge; indem man sich nach dem damals üblichen Ausdruck bequemte oder akkomodierte, erkaufte man sich das Ansehen, das alle durch das Alter geheiligten Einrichtungen haben, und den Zugang zu den Gnaden, die nur Kirche und Kaiser verleihen konnten.

Wallenstein war zu stolz, um abhängig, zu schwach, um Rebell zu sein, das heißt, um dem herrschenden Recht seine eigene Überzeugung entgegenzusetzen; dies war seine Tragik. Beinah hielt sich beides, Stolz und Schwäche, in ihm die Wage; doch konnte er eher aus Schwäche seinen Stolz überwinden, als kühn handeln, um sich nicht demütigen zu müssen. Bewußt oder unbewußt begann er damit, sich eine Grundlage künftiger Macht zu schaffen, indem er katholisch und indem er reich wurde. Da seinem Drang nach Größe die innere Kraft nicht entsprach, schuf er sich äußere Stützen; so ist sein Glaubenswechsel und so seine Heirat aufzufassen.

In noch höherem Maße als jetzt war es in früheren Jahrhunderten selbstverständlich, daß der Mann aus praktischen Erwägungen heiratete: um sein Vermögen zu vermehren oder um sein Ansehen zu erhöhen, womöglich beides zugleich. Nicht eine Geldheirat, sondern eine Heirat aus Neigung wäre eine Abnormität und würde der Erklärung bedürfen. Immerhin, da es auch junge und schöne Erbinnen gab, erregte es Aufsehen, daß Wallenstein mit 25 Jahren eine alte und häßliche Frau wählte. Es erklärt sich dadurch, daß derselbe Jesuit, Veit Pachta, der ihn zum Religionswechsel veranlaßt hatte, ihm die Heirat vorschlug; es lag den Jesuiten daran, daß die begüterte Witwe einen ihnen ergebenen Katholiken heiratete, damit ihre Besitzungen nicht in protestantische Hände fielen. Wallenstein ließ sich gern leiten, wenn er fühlte, daß man es gut mit ihm meinte: er nahm die ihm angetragene Frau und regierte die Herrschaften, die ihm mit ihr zufielen, ganz im Sinne der ihn beratenden Väter.

Aus der Dankbarkeit, die er seiner alten und kranken Frau zeitlebens bewahrte, läßt sich schließen, daß sie ihm das Leben nicht schwer machte. Nicht unmöglich ist, daß er sich im Umgange mit anderen Frauen schadlos gehalten habe für das, was er in der Ehe entbehrte. Im Jahre 1612, also in seinem 29. Jahre, litt er unter Gewissensbedenken und unternahm, wohl auf Anweisung seiner geistlichen Berater, eine Wallfahrt nach Loretto, um sich von den Sünden seines ganzen Lebens zu reinigen. Es könnten Sünden der Liebe gewesen sein, die ihn so bedrückten; wahrscheinlicher ist es aber, daß eine schwermütige Neigung zur Selbstquälerei dabei den Ausschlag gab. Manche Tatsachen lassen sogar die Vermutung zu, daß Wallenstein keine normal sinnliche, Frauen gegenüber leidenschaftliche Natur war.

Nach fünfjähriger, kinderloser Ehe, im Jahre 1614, starb seine Frau, und erst acht Jahre später verheiratete er sich wieder. Die Regel war damals, daß ein Mann, wenn seine Frau in zehn bis zwanzig Wochenbetten aufgezehrt war und starb, höchstens einige Monate verstreichen ließ, bis er eine andere nahm. Kriegsmänner führten nicht selten ihre Frauen auf ihren Zügen mit oder ließen sie zuweilen kommen, was Wallenstein nie tat; nur den Winter pflegte er in Gesellschaft seiner Frau zu Hause zuzubringen. Zuweilen jedoch brachten es die Umstände mit sich, daß längere Zeit verstrich: » Sed quia homo singularis,« schrieb ein Korrespondent dem Kurfürsten von Mainz im Jahre 1634, » intra triennium uxorem non vidit.« Nichts deutet darauf hin, daß er während seiner Witwerschaft und später außer der Ehe Beziehungen gehabt habe, was, obwohl selbstverständlich erlaubt und üblich, in diesem Falle doch zum Nachteil seines Rufes ausgebeutet worden wäre, wenn irgendwelche Tatsachen vorgelegen hätten. Es werden Äußerungen von ihm berichtet, daß er die Liebe im Lagerleben ungehörig fand, und das heißt doch so viel, daß er ihrer nicht bedurfte. Möglich, daß er sich in der Jugend erschöpft hatte; es ließe sich aber auch denken, wie überhaupt das Handeln bei ihm in die Sphäre der Phantasie verlegt war, daß seine geschlechtliche Sinnlichkeit sich aufgelöst hätte und er mehr in der Einbildung als in der Wirklichkeit Liebe zu genießen fähig gewesen wäre.

Wallensteins zweite Frau, Isabella von Harrach, gehörte dem Wiener Hofadel an und war die Tochter eines Günstlings des Kaisers; die Vorteile dieser Verbindung liegen demnach auf der Hand. Die Ehe scheint sehr glücklich gewesen zu sein, was allerdings bei dem seltenen Zusammensein der Gatten wenig bedeutet. Aus den Briefen Isabellas an ihren Mann spricht eine lieblich bescheidene Zärtlichkeit, und wenn man auch in Betracht zieht, daß dieser Ausdruck ergebener Liebe Stil der Zeit war und den Frauenbriefen des sechzehnten und siebzehnten Jahrhunderts eigentümlich ist, so bleibt doch der Eindruck eines innigen Verhältnisses übrig. Ihr steter Wunsch, in seiner Nähe zu sein, ihre Besorgnis um die Gesundheit des kränkelnden Mannes, ihre anschmiegende Treue kommen zu überzeugendem Ausdruck, und der Ton ihres Geplauders setzt bei ihm jene liebenswürdige Zutraulichkeit voraus, mit der er auch sonst die Herzen gewinnen konnte.

Soviel sich beobachten läßt, war Wallenstein stets ritterlich liebenswürdig gegen Frauen und verständnisvoll auf sie eingehend, ohne ihnen doch eigentlich näher zu kommen. »Er ist gewiß ein feiner Herr,« schrieb die geschiedene Herzogin von Braunschweig ihrem Bruder, dem Kurfürsten von Brandenburg, »und nicht also, wie ihn etliche Leute gemacht haben; er ist gewiß sehr courtoisch und hat uns alle große Ehre erwiesen, ist gar lustig hier gewesen ... Allzeit habe ich Ursache, ihn für meinen besten Freund zu halten; denn er hats mir erwiesen und sich erboten, noch ferner zu tun.« Besonders Frauen gegenüber, die in Not waren und seinen Schutz suchten, war er immer hilfsbereit. Einer evangelischen Witwe, die von ihrem Bekenntnis nicht lassen, aber doch auf ihren Gütern bleiben wollte, erteilte er die erbetene Erlaubnis und wies seine Beamten an, zu warten, »bis ihr unser Herr bessere Gedanken gibt, daß sie den rechten Glauben begreifen möge«. Stets war er gütig und rücksichtsvoll gegen diejenigen, die seine jeden Vergleich ausschließende Überlegenheit ohne weiteres anerkannten; bei Frauen war das im allgemeinen vorauszusetzen.

Wie keinen Menschen von starkem Expansionstrieb jemals die Erfüllung seiner Wünsche befriedigt, so genügte Wallenstein der Besitz, den seine erste Ehe ihm eingetragen hatte, nicht; er erweiterte ihn zunächst dadurch, daß er die Güter der aussterbenden Familie Smirsický, mit der er durch seine Mutter verwandt war, an sich brachte. Der letzte männliche Erbe dieser Familie war geistesschwach, die letzte weibliche Erbin ging nach der Schlacht am Weißen Berge als Protestantin ins Ausland; diese Umstände benutzte er, um ihre Rechte an sich zu bringen, wobei er jedenfalls, sollte er auch keinen Rechtsbruch begangen haben, doch nur sein Wohl, nicht das seiner unglücklichen Verwandten bedachte. Die Selbstsucht trug es über das Mitleid davon, das er sonst mit hilflosen Frauen zu haben pflegte. Er war im höchsten Grade geldgierig und geizig; leidenschaftlich erpicht, Geld zu erwerben, gab er es ungern aus und nur dann, wenn er sicher war, dadurch mehr zu gewinnen. Er hatte eine angeborene Begabung für Geldgeschäfte und scheute nicht vor häßlichen Mitteln zurück, um sich Geld zu verschaffen, wie er denn in den Jahren 1622 und 1623 großen Gewinn aus der Münzverschlechterung zog. Mit anderen Herren des höchsten Adels gründete er eine Gesellschaft, die Münzen unter dem Wert prägte, um die kaiserlichen Finanzen zu heben; den Hauptgewinn indessen trug die Gesellschaft davon, und zwar so, daß die aristokratischen Teilhaber den größeren, die deutschen und jüdischen Geschäftsführer den bei weitem geringeren erhielten. Weit entfernt, sich derartigen Gewinnes zu schämen, verachtete Wallenstein vielmehr diejenigen, die, ohne Geld zu haben, eine Rolle spielen wollten; er hatte offenbar das Gefühl, daß Geld ihm zukam, ihm gebührte, und hätte ja auch das Bild, das ihm von seiner Größe vorschwebte, ohne ungeheuren Reichtum nicht darstellen können. Ohne Reichtum wäre er nicht er selbst gewesen, der Reichtum mußte ihm die mangelnde Kraft vortäuschen, die gebrochene Schwinge des Adlers mußte durch eine goldene ersetzt werden.

Im Jahre 1609, nach seiner ersten Heirat, ließ sich Wallenstein von Kepler, der damals im Dienste Kaiser Rudolfs stand, das Horoskop stellen. Vielleicht war er gespannt, da nun der Grund künftiger Größe gelegt war, das ihm eignende Schicksal wahrsagerisch vorgespiegelt zu sehen.

Einleitend stellt Kepler seine Ansicht über Astrologie fest: daß er zwar eine allgemeine Beziehung zwischen Gestirnen und Menschen annehme, daß er aber zweifle, ob diese sich im einzelnen ausdeuten lasse, und daß das Schicksal des Menschen seine unmittelbare Quelle in der Beschaffenheit seines Körpers und seiner Seele habe. Man sieht daraus, daß Kepler bei der Charakteristik seiner Kunden sich auf sein eigenes Urteil verließ, soweit er Gelegenheit hatte, sich ein solches zu bilden, welches er dann mit den Ergebnissen der Sterndeutekunst in Zusammenhang brachte. Persönlich kannte er damals den jungen böhmischen Edelmann noch nicht; aber obwohl ihm bei der Einsendung der erforderlichen Daten der Name verschwiegen werden sollte, erfuhr er ihn, wie es scheint, doch und mag sich Kenntnis seiner Lebensumstände und des Rufes, den er genoß, verschafft haben.

Kepler betont das »wachende, aufgemunterte, emsige, unruhige« Gemüt Wallensteins, das nach Neuerungen begierig sei; das gemeine menschliche Wesen und Handeln gefalle ihm nicht, er trachte nach neuen, unversuchten, seltsamen Mitteln, habe aber viel mehr in Gedanken, als er äußerlich sehen und spüren lasse. Er habe müßige, melancholisch, allzeit wachende Gedanken, halte sich an Magie und Zauberei, suche Gemeinschaft mit Geistern, verachte menschliche Gebote und Sitten, auch die Religion. Was Gott und die Menschen handeln, betrachte er argwöhnisch, als sei es alles nur Betrug und etwas ganz anderes dahinter; infolgedessen werde er für einen einsamen, leichtschätzigen Unmenschen angesehen. Er sei unbarmherzig, ohne brüderliche und eheliche Liebe, niemand achtend, nur sich selbst und seinen Wollüsten ergeben, an sich ziehend, geizig, betrüglich, ungleich im Verkehre, meist stillschweigend, oft ungestüm, streitbar, unverzagt, aber auch furchtsam.

Das Zwiespältige in der Anlage Wallensteins faßte Kepler in den Ausdruck, er sei Mann und Weib zusammen; eine aus tiefsinniger Auffassung des menschlichen Wesens hervorgegangene Bezeichnung, die zur mittelalterlichen Psychologie gehörte. In bezug auf Wallenstein wollte Kepler, wie es scheint, nicht auf die intellektuelle Bereicherung hinweisen, die aus der Doppelheit hervorgeht, sondern auf das Lähmende, das sie mit sich bringt. Weder zum Manne noch vom Weibe mit instinktiver Kraft hingezogen, erscheint er kalt und in sich selbst versunken, einem in seinem Inneren stattfindenden Austausch hingegeben.

Nachdem Kepler aus dem einen der beiden Wallensteins Leben beherrschenden Gestirne die eben geschilderte melancholische Eigenart abgeleitet hat, bringt er mit dem anderen, dem Jupiter, seinen großen Ehrendurst, sein Streben nach Macht und zeitlichen Dignitäten in Verbindung. Er werde sich, sagt er, dadurch große und kleine Feinde machen, denen er aber meistenteils obsiegen werde.

Kepler schildert einen Melancholiker, bei dem das grüblerische, kritisierende Denken das Gefühl hemmt und die Tätigkeit lahmlegt; neben einer dunklen, saturninischen Seele nimmt er eine jovische Helle an, die zu jener in unvereinbarem Gegensatze stehe. Die letztere jedoch bringt Kepler in seinem Bilde nicht zur Geltung, teils vielleicht weil sie sich damals noch nicht hatte entfalten können, teils wohl auch, weil er ihn nicht persönlich kannte. Insofern ist die Charakteristik zwar zutreffend, aber unvollständig. Wallenstein war ein geborener Herrscher; das zeigte sich, wo er nicht kämpfen mußte, sondern die Herrschaft rechtmäßig besaß. Die legitimen Fürsten stützten sich meistens auf den Adel, zuweilen auch auf die Kirche, in gewissen Fällen auch auf das Volk; Wallenstein stand nach Gefühl und Einsicht über allen Parteien und Ständen. Dies unterschied ihn von so vielen ehrgeizigen und habsüchtigen Zeitgenossen: die gottähnliche Gabe zu herrschen war ihm angeboren und machte sein Auftreten merkwürdig und glanzvoll. Hätte er Napoleons unbedenkliche Tatkraft gehabt, würde er trotzdem, wie jener, tragisch geendet haben; aber er hätte andere Werke und einen anderen Ruhm hinterlassen.

Mit dem siebzehnten Jahrhundert beginnt ein Menschentypus zu erscheinen, den man den vornehmen nennen möchte. Die Begriffe des Aristokratischen und des Vornehmen decken sich nicht, sind vielmehr Gegensätze. Der Aristokrat sieht den wesentlichen Gehalt seiner Stellung darin, daß er so viele Vorrechte und so wenige Pflichten wie möglich hat, wie er denn in seiner Blütezeit darauf ausging, fortwährend seine Vorrechte zu mehren, seine Pflichten zu verringern; unter dem Vornehmen verstehen wir denjenigen, der sich seines Adels, beziehungsweise der Vorzüge seines Daseins, als Verpflichtung zu einer das Gemeine überragenden Lebensführung bewußt ist, dessen Adel also weniger auf äußeren Vorteilen, als auf der Gesinnung beruht. Die deutschen Aristokraten des sechzehnten und zum großen Teil auch noch des siebzehnten Jahrhunderts strebten im allgemeinen nach den derben Genüssen des Essens und Trinkens, der Liebe und des Kampfs oder der Rauferei; mit erschreckender Würdelosigkeit umschmeichelten sie den Fürsten, von dem sie abhingen, während sie den Schwächeren mit Füßen traten. Daß sie den rechtlosen Bauern mißhandelten, verstand sich fast von selbst; aber ebenso schnöde verließen sie den gestürzten Standesgenossen, um sich einen Anteil an der Beute zu verdienen. Es wurde zwar die Ehre des Kavaliers beständig im Munde geführt; aber man sah sie nur darin, daß man vom Nichtebenbürtigen Unterwürfigkeit forderte und sich namentlich von ihm nie ernstlich an etwaige Pflichten mahnen ließ. Auch den Standesgenossen gegenüber war die Empfindlichkeit stark entwickelt; besonders an den Höfen, wo alle um die Gunst des Fürsten warben, gab es stets Kabalen, und die Zurückgesetzten ruhten nicht, bis der Nebenbuhler verdrängt, seines Ansehens beraubt, etwa gar getötet war. Körperliche Tapferkeit war neben dem unbedingten Gehorsam im Verhältnis zum Fürsten die einzige Tugend, die zur Erhärtung ihrer Ansprüche von ihnen gefordert wurde; zwar hatte diese der gemeine Mann auch oder konnte sie haben; aber der Kavalier sah sie als ihm eigentümlich an und tat den Schwung und die große Gebärde dazu. Die Habgier war so maßlos wie das Betteln unverschämt; daß nichts umsonst geleistet werde, war Voraussetzung, der unentgeltliche Frondienst war das Abzeichen der Leibeigenschaft.

Es ist anzunehmen, daß die Vornehmheit sich, wenn auch zum Teil im Schoße der Aristokratie, im Gegensatz zu ihr entwickelt hat, gleichlaufend mit einer Abnahme der äußeren Kraft und Grobnervigkeit, welche Abnahme eine Verinnerlichung und Verfeinerung zur Gegenerscheinung zu haben pflegt. Auch der um diese Zeit entstehende Protestantismus, der oft zu schweren, große Opfer fordernden Konflikten führte, bedeutete eine Verinnerlichung. Daneben muß man aber auch an einen anderen Ursprung der Vornehmheit denken, der von dem Sinn für Schönheit und Monumentalität der Italiener, von der Grandezza der Spanier und der Zurückhaltung der Engländer herzuleiten wäre, was allerdings, abgesehen von der romanischen Eigenart, auch Symptome einer bereits erreichten Kulturhöhe waren. Der vornehme Mensch prahlt und triumphiert nicht laut, es ist ihm am Erreichen eines begehrten Zieles nicht mehr gelegen als an der Wahrung seiner persönlichen Würde, deshalb liegt es ihm unter Umständen näher, zu leiden als zu kämpfen. Im sechzehnten Jahrhundert sahen ein Kurfürst von Sachsen und ein Herzog von Braunschweig hinter einem Vorhang zu, wie ihre Feinde gefoltert wurden; der vornehme Mensch würde seine Rachsucht und Grausamkeit, wenn überhaupt, nur gedämpft, etwa als Verachtung äußern. Die ursprüngliche menschliche Roheit ist in diesem Typus gebrochen, der infolgedessen weniger gut befähigt ist, im Kampf ums Dasein obzusiegen, und insofern als Verfallserscheinung aufzufassen ist.

Als Beispiel eines vornehmen Mannes läßt sich der 1564 geborene böhmische Edle Karl von Zierotin anführen. Er war von zartem Körperbau und kränklich, namentlich hatte er ein sehr reizbares Nervensystem und litt an dem, was man damals treffend morbus imaginationis nannte. In seiner Jugend hing er der Idee eines großen evangelischen Bundes an und begab sich nach Paris, um dem zum Haupte desselben in Aussicht genommenen Heinrich IV. zu dienen. Durch den Übertritt des Königs zum Katholizismus wie durch andere Schwächen enttäuscht, die Zierotin an Heinrich und seiner Umgebung wahrnahm, kehrte er bald zurück; vielleicht auch weil der böhmische Adel sich nur zu Hause wohl fühlte, wo er ein fürstliches Ansehen genoß. Zierotin suchte sich desselben durch Bildung, sowohl gelehrte wie weltmännische, und durch anständige Lebensführung wert zu machen. Nachdem er hatte erfahren müssen, daß er wegen seines Zuges nach Frankreich zur Rechenschaft gezogen wurde, lebte er abseits. Konnte er sich der Mitwirkung an den Kämpfen der Zeit nicht entziehen, so suchte er zu vermitteln; das Übertriebene und Einseitige stieß ihn ab. Obgleich dem evangelischen Bekenntnis unbedingt ergeben, riet er doch stets zur Nachgiebigkeit, wenn seine Glaubensgenossen um gewisse Rechte stritten, zum Beispiel um das des Kirchenbesuchs oder der Totenbestattung innerhalb der Stadt; es komme, meinte er, auf Äußerlichkeiten in Glaubenssachen nicht an. Eine melancholische Verachtung war seine Grundstimmung den Menschen gegenüber. Er kleidete sich dunkel, meist in schwarzbraunen Samt, wie denn überhaupt die Fürsten und Herren anfingen, sich nicht mehr wie gute Hausväter zu kleiden, noch sich mit schimmernden Stoffen und Edelsteinen zu behängen, sondern das Schwarze und Schlichte vorzuziehen, nur daß es kostbar und elegant sein mußte. Der Glanz und die Farbigkeit des Reichtums und der hohen Stellung wurde auf Gefolge und Dienerschaft abgelegt.

Es ist durchaus nicht unmöglich, daß die Persönlichkeit Karls von Zierotin, als eines hervorragenden, allgemein angesehenen Mannes, auf den um neunzehn Jahre jüngeren, ihm verschwägerten Albrecht von Wallenstein Eindruck gemacht und ihm in mancher Hinsicht vorgeschwebt habe, trotz des wesentlichen Unterschiedes zwischen ihnen. In Zierotin war kein Widerstreit zweier gleichstarker Seelen, sein Leben war, um es astrologisch auszudrücken, überwiegend vom Saturn, nur in geringem Maße vom Jupiter beeinflußt.

In seinem Auftreten und Erscheinen war Wallenstein, wie Zierotin, zurückhaltend. Er kleidete sich dunkel, aber irgendwo pflegte er etwas Scharlachfarbe anzubringen, sei es am Futter der Ärmel oder des Mantels oder der Stiefel, gleichsam ein Zeichen seines vulkanischen Temperaments und seiner leidenschaftlichen Phantasie; auch bestärkte diese seltsame Vorliebe die abergläubischen Meinungen, die über ihn im Umlauf waren. Soweit es nicht seine Person betraf, liebte er es, mit einem Prunk aufzuziehen, der den der reichsten und mächtigsten Potentaten, ja den des Kaisers übertraf; es war ihm Bedürfnis, in allem der Erste zu sein. Alle Fürsten suchten sich gegenseitig durch den Aufwand ihres Hofstaates auszustechen; was Wallenstein von ihnen unterschied, war, daß sein Geschmack weniger auf das Auffallende und Glänzende, als auf das Schöne, Solide und Zweckmäßige ging. Als er sich einmal ein türkisches Zelt machen ließ, ordnete er an, daß nicht viel Seide, noch weniger Gold daran sein solle, aber sauber und zierlich solle es sein. Sauber und zierlich, aus Stein und Ziegeln, sollten auch die Häuser in den Städten werden, die er in seinen Ländern gründete; nicht nur legte er Wasserleitungen an und ließ den Schmutz von den Straßen entfernen, sondern er wollte auch durch Gräben die Orte trockenlegen, damit »die Luft um so viel reiner sein möge«.

Auch seine Tafel war reich besetzt, während er selbst, zum Teil aus Gesundheitsrücksichten, mäßig war. Er bevorzugte Geflügel und Obst, von Getränken Veltliner Wein. In seiner Jugend war er ein starker Trinker, für seine »stets wachsamen, emsigen Gedanken« wird das Lähmende des Rausches eine Notwendigkeit gewesen sein; später schränkte er das ein und hielt sich besonders von Gelagen fern, wobei mitbestimmend gewesen sein mag, daß er sich unter dem Einflusse des Weins im Sprechen mehr gehen ließ, als ihm hernach lieb war. Indessen scheint ihm überhaupt das Tierische, das der Rausch freimacht, widerwärtig gewesen zu sein. »Was führt er für ein Leben und was für ein Vieh ist er,« sagte er vom Kurfürsten von Sachsen in bezug auf dessen Trunkfälligkeit. Gegen seine Landsleute, die Böhmen, war er wegen ihres Mangels an Kultur eingenommen; was ihm an den Italienern angenehm war, wird die gefällige Form, die zugleich große und leichte Lebensgebärde gewesen sein.

Übrigens mißfiel ihm an den Italienern wie an den Spaniern das prahlerisch Anspruchsvolle, dem die Leistungen nicht entsprachen. Die »spanischen Fanfaronaden« und »romanischen Competenzen« waren ihm schwer erträglich; doch sagte er gelegentlich von den Spaniern, daß sie bei weitem »mit den Competenzien nicht also wie die Romanen exorbitieren«. Als der Papst dem Kaiser einmal Kriegsvolk und Indulgenzen zur Unterstützung anbot, schrieb Wallenstein seinem Schwiegervater, er, der Papst, solle beides behalten und anstatt dessen Geld zahlen: »Hab ich des Monats 5000 Kronen, so schaff ich dem Kaiser mehr Nutz als mit 5000 Italienern.« Die Wallonen, die er einmal die gens non sancta nennt, scheinen ihm wegen ihrer Roheit unsympathisch gewesen zu sein; am abfälligsten aber äußerte er sich über die Polen. Er schrieb in bezug darauf an Gallas, als ein polnischer Oberst wegen der Bezahlung Schwierigkeiten machte und mit seinem Regiment davonzugehen drohte, Gallas solle ihm seine Impertinenzen nicht gestatten, »denn wenn diese nacion sicht, daß einer nachgiebt oder ihrer von nöthen hat, so seindt sie insuportabili, dahero denn der Herr nicht nur mit ihm, sondern mitt allen den Polen diesen stilum gebrauche; wollte Gott, das sie alle schon weck wehren, denn sie schaden uns mehr als sie nuz bringen, man hat sie wider meinen Willen geworben, doch hat der Don Balthasar solches durch sein laufen verursacht; ich lasse sonst viel Dalmatiner, Crabaten und Ungarn werben, werde also der Polen gar nicht bedürfen; es wird von nöthen sein, das man ihnen solches dextramenti zu verstehen giebt, auf das sie in terminis bleiben oder vor tausend teufl wo sie herkommen seindt wiederum hinbegeben«. Für wieviel ehrliebender er die Deutschen hielt, geht daraus hervor, daß er gelegentlich befahl, einen gewissen Platz, der ohnehin nicht zu halten war, mit Polen zu besetzen, da es für sie nicht so spöttlich sei wie für die Deutschen, wenn sie sich mit Flucht salvieren müßten. In ähnlichem Sinne sagte er einmal, man werde sehen, daß man es mit Deutschen, nicht mit Polen zu tun habe. Obwohl er es nicht ausdrücklich gesagt hat, darf man aus dem Fehlen seines Tadels und Spottes wohl schließen, daß er die Deutschen, wenigstens als Soldaten, vorzog, wahrscheinlich als diejenigen, die sich am willigsten unterordneten; denn pünktlicher Gehorsam ist diejenige Tugend, die ein Herrscher von den Menschen vor allem fordert. Vielleicht stand bei ihnen auch am ehesten die Tüchtigkeit in einem leidlichen Verhältnis zur Anmaßung. Ihrerseits waren die Deutschen ihm am meisten zugetan und hatten das stärkste Gefühl für das Große in ihm, wenn sie ihn auch am wenigsten durchschauten; es mögen manche geneigt gewesen sein, ihn, wie der Herzog Heinrich Julius von Sachsen-Lauenburg, allzu gutgläubig als den »frommen unschuldigen Herzog« aufzufassen.

Deutschland und Böhmen haben Wallenstein für sich in Anspruch genommen, bei welchem Wettstreit Deutschland kaum einen anderen Titel als seinen Namen aufweisen kann. Ob er nun aber deutsches Blut in sich gehabt habe oder nicht, er war jedenfalls kein reiner, sondern ein gemischter Typus und fühlte sich zu deutschem Wesen und deutscher Kultur besonders hingezogen. Das zeigt sich besonders in seiner Vorliebe für die deutsche Sprache. In einem Brief an Collalto schreibt er einmal: »Vor lauter Freuden hab ich ihm zuvor welsch geschrieben, jetzund wende ich mich wieder zu der teutschen Sprache«; aber das mag eine Höflichkeit dem Italiener gegenüber gewesen sein oder eine augenblickliche Stimmung, oder es kam die Vorliebe darin zum Ausdruck, die gerade der Deutsche für Fremdes und Schönes hat. Die italienische Sprache schrieb er nur mangelhaft, in der deutschen fühlte er sich heimisch, und trotz der Menge der Fremdwörter, deren er sich bediente, lebt der Geist der deutschen Sprache in seinem Stil. Er drückte sich knapp, treffend, derb aus; neben der Sicherheit eines scharfen Verstandes spürt man das Erwärmende eines gemütlichen Humors. Auch in der Unterhaltung bei Tische gab er sich witzig und umgänglich; in den Briefen Questenbergs, seines treuesten Anhängers, die stellenweise im behaglichen Plauderton gehalten sind, glaubt man die Freunde zu hören, wie sie über die Schwächen des Wiener Hofes Späße machen.

Am meisten ließ sich Wallenstein in seinen Briefen an seinen Schwiegervater Karl von Harrach gehen. Da nannte er die Hofkriegsräte »kahle Kerle«, sprach vom Kurfürsten von Bayern in Ausdrücken, die Harrach auszustreichen für notwendig hielt, schimpfte, klagte und gebärdete sich oft etwas ungezogen, zugleich aber kindlich ergeben und zutraulich. Dem älteren Manne gegenüber, der ihn väterlich liebte und zugleich unbedingt hochachtete, der bis zur Unvorsichtigkeit für ihn eintrat, nahm er niemals die streng verhüllte Miene des auf Abstand bedachten, unnahbaren Herrschers an, und es scheint, daß er sich in diesem zutunlichen Gehenlassen besonders wohl fühlte.

Es war etwas Kindliches, der Anlehnung Bedürftiges, Weiches in Wallenstein; aber da er kein Selbstvertrauen hatte, sondern eine Vorstellung von seiner Größe, der er, weil er sie nicht verwirklichen konnte, zugleich selbst mißtraute, und die insofern als Wahn bezeichnet werden muß, mißtraute er auch anderen und verwehrte sich selbst die Hingebung. Es war dasselbe Mißtrauen, das nach der Aussage Khlesls, der sie gut kannte, allen Habsburgern eigentümlich war. Stolz wie Luzifer nannten die Zeitgenossen Wallenstein; und sicher ist, daß er niemanden, auch Gott nicht, als sich überlegen fühlte, und daß er Abhängigkeit, von wem es auch sei, nicht ertragen hätte. Indessen war das gerade der unlösbare Widerspruch in ihm, daß er trotz seiner Menschenverachtung die Menschen und ihr Urteil fürchtete, daß er trotz seines Stolzes nicht selbständig zu sein vermochte, daß er, obwohl keine Einmischung duldend, unfähig war, allein zu stehen und die Verantwortung eigenmächtiger Handlungen auf sich zu nehmen.

Das Widerspruchsvolle seines Wesens, seine Launenhaftigkeit und Unberechenbarkeit fiel allgemein auf. Er sei nie derselbe geblieben außer in der Veränderlichkeit, sagte sein Biograph, der Italiener Gualdo Priororto von ihm, der unter ihm diente und ihn persönlich kannte und verehrte; nach Art des Mondes habe er beständig in seinen Plänen gewechselt. Vom Glücke habe er die Launenhaftigkeit gelernt, bald sei er streng, bald weich, bald hochmütig, bald freundlich gewesen, je nach der Stimmung, in der er sich eben befunden habe. Kleinigkeiten hätten ihn sehr aufbringen, große Verfehlungen hätten ihm unter Umständen gefallen können. Der Mangel an Gerechtigkeit und System war es wohl auch, der ihm den Namen des Tyrannen eintrug; es gab für den Untergebenen keine Richtschnur, an der sich haltend er seiner Zufriedenheit sicher sein konnte, sondern was heute seinen Zorn reizte, belohnte er morgen. Der kluge Aldringen, als er einmal Wallensteins Günstling war, spottete darüber und erwartete gelassen den Umschwung. Neuen Bekanntschaften brachte Wallenstein, da das Neue ihn anzog, oft ein gutes Vorurteil, Zutrauen und Neigung entgegen, das aber in den meisten Fällen in Widerwillen umschlug. Man hat zuweilen den Eindruck, als sei Wallenstein der Treuherzige, arglos Vertrauende zwischen lauter Falschen gewesen; aber nicht nur das Regelmäßige des Verlaufs, sondern auch andere Zeichen deuten darauf, daß Wallensteins Hochmut, Empfindlichkeit und Launenhaftigkeit die Ursache der disgusti waren, mit denen seine freundschaftlichen Beziehungen so oft abbrachen. Allerdings darf nie vergessen werden, daß seine Herrschernatur und seine Herrschergabe, das Organisationstalent, ihn zwangen, die Menschen als Werkzeuge zu betrachten, als Mittel, seine Kunstwerke zu verwirklichen. Zusammenstöße mit dem auf seine Titel pochenden, anmaßenden Adel konnten da nicht ausbleiben: als Menschen von überlegenem Verstande, als General und Fürsten mußten ihm die breitspurigen und dabei oft so untauglichen Herren unleidlich im Wege sein. Sein Mißtrauen gegen die Offiziere, die der Kaiser ihm empfahl, war gewiß berechtigt, und er nahm keinen Anstand, sie zurückzuweisen, wie er sogar zwei dem Hofe verwandte toskanische Prinzen abblitzen ließ, als junge Leute, »deren Sachen auf lautere Vanitäten fundiert« wären. Ein geborener Fürst hätte sich das allenfalls erlauben dürfen; gegen den Emporkömmling lehnten sich die Fürsten auf, die mehr als er, und die Aristokraten, die seinesgleichen zu sein glaubten.

Nach Wallensteins unmittelbarem Gefühl war ihm alles erlaubt, gab es für ihn andere Gesetze als für alle anderen. Die Titelsucht anderer verspottete er, es machte ihm sogar augenscheinlich Vergnügen, sie nicht zu berücksichtigen; er selbst verlor Fassung und Besinnung vor Zorn, wenn ihm die Titel nicht gegeben wurden, auf die er Anspruch machte. Weil des Kaisers Bruder, Erzherzog Leopold, ihn nicht »Euer Liebden« sondern »Er« anredete, ließ er sich gegen seinen Schwiegervater folgendermaßen aus: »Wie schmerzt mich in der Seelen, daß mich der Kaiser, der mein Herr ist, wie einen Reichsfürsten tractirt, dieser aber, der mein Herr nicht ist und nicht werden wird, tractirt mich wie einen Hundsbuben; mir vergeht gewaltig die Lust zu dienen, denn von allen meinen Verdiensten habe ich nur disgusti und travagli. Ich hab dem Herrn Verda geschrieben und gebeten, er wolle solches mit dem Fürsten und meinem Herrn communiciren; denn sollte ich vor meine lange und treue auch nützliche Dienste despectirt werden, so wäre mirs in der Gruben leid, daß ich ein Tritt je in des Hauses Österreich Dienste gethan hette.«

Ein anderes Mal schreibt er, es genüge nicht, daß man in allen Kanzleien befehle, denen von Liechtenstein das Prädikat Herzog nicht zu geben, man müsse ihnen einstellen, daß sie selbst sich Herzog nennten; »denn«, sagt er, »es präjudicirt mir«.

Natürlich konnte Wallenstein aus den Titeln, die man ihm gab, erkennen, als was man ihn wollte gelten lassen, und insofern ist es begreiflich, daß er Wert darauf legte; aber daß andere in ihren Grenzen ebenso dachten, ging ihm nicht ein. Charakteristisch ist ferner für ihn, daß man stets überrascht ist, ihn kleinlich zu finden; denn wo er nur kritisch und theoretisch ist, wußte er das Wesen von der Sache wohl zu unterscheiden.

Wenn irgend etwas Wallenstein reizte, wurde er sehr zornig, oft so, daß er nicht wußte, was er tat. Der einzige bemerkenswerte Vorfall, der aus seiner Jugend bekannt ist, war eine Tat des Jähzorns: als Student in Altdorf schlug er einen Knaben, der ihn bediente, so heftig, daß die Angehörigen desselben auf Schadenersatz klagten und auch damit durchdrangen. Als Grund seines Zornesausbruchs gab der junge Albrecht an, der Knabe sei müßig gewesen: eine geringfügige Schuld also, die ihn aber zufällig in dem Augenblick aufbrachte; vielleicht reizte den innerlich Ruhelosen überhaupt der Anblick untätiger Menschen ganz besonders.

Manches spricht dafür, daß es sich bei diesen Zornesausbrüchen um Anwandlungen handelte, die mit einer gewissen Regelmäßigkeit wiederkehrten und die ihre erste Ursache in dem Zustande seiner Nerven hatten. In seiner Umgebung sprach man davon, daß er »seinen Schiefer« habe, etwa wie man von jemandem sagt, er habe seine Migräne. Es war bekannt, daß man ihn während dieser Zeit allein lassen mußte, daß man nichts Unangenehmes an ihn herankommen lassen durfte und daß man namentlich jedes Geräusch zu vermeiden hatte; er konnte dann keine Glocken läuten, keine Hunde bellen, keine Hähne krähen, keine Sporen klirren hören. Durch ernste Widerwärtigkeiten konnte dieser Zustand offenbar nicht nur verstärkt, sondern auch herbeigeführt werden; er schlug dann wohl seine Diener und fuhr sie mit drohenden Worten an, während er für gewöhnlich freundlich und zum Scherz geneigt war. Man darf sagen, daß er sich seelisch im labilen Gleichgewicht befand; irgend etwas Unerwartetes und Unerwünschtes konnte sofort eine Störung herbeiführen.

Wallensteins »schieferige Affekte«, wie sie genannt wurden, wollten ihre Zeit haben, gingen jedoch bei richtiger Nichtbeachtung ziemlich schnell und ohne Folgen vorüber. »Ich hab etliche wort sein Bewegung zu lindern darzu geredt,« schrieb Trauttmansdorff im November 1633 an den Kaiser, »im übrigen das meiste von sich selbsten lassen ausrauchen.«

Übrigens stand seinen nach außen drängenden Trieben eine ebenso starke Neigung, sich selbst zu beherrschen, gegenüber; sich vom Zorn hinreißen zu lassen, paßte nicht zu seinem Gefühl von Würde, und er fürchtete wohl auch, dabei zu viel von seinem innersten Wesen zu verraten. Daß er in Glück und Unglück immer gefaßt gewesen sei, betont Gualdo Prioroto; jedenfalls lag ihm daran, immer so zu erscheinen. Als er kurz vor seinem Ende in einem Kriegsrat mit dem Obersten Wahl in Widerspruch geriet und dabei heftig wurde, sagte er nach einer Weile, jener möge nicht meinen, er commoviere sich; das sei nur sein Gebrauch so. Seine Sucht, sich zu beherrschen, ging so weit, daß man von einem Sichverbergen sprechen könnte; wo aber irgend sein Zutrauen erweckt war, teilte er sich bis zur Unbesonnenheit mit, gab er jeder Regung Ausdruck. Bei seinen häufigen Stimmungswechseln dürfen seine Äußerungen deshalb durchaus nicht zu ernst genommen werden. Er kenne den Humor des Herzogs ziemlich wohl, sagte Collalto gelegentlich, und wolle versichern, seine Intention sei nicht bös; wenn er auch bisweilen eine Rede schießen lasse, so sei es ihm darum doch nicht allezeit Ernst. Dies wird nur dadurch bemerkenswert, daß es an einem so ernst erscheinenden Manne nicht vorausgesetzt wurde. Alles, was Wallenstein sagte, hatte in der Meinung der Fernestehenden tiefe Bedeutung; man glaubte, jedes seiner Worte sei gründlich erwogen und voll geheimer Absichten.

Überhaupt pflegten sich die Menschen, die von seinem Ansehen, seiner Macht, seiner Herrschsucht gehört hatten, eine ganz falsche Vorstellung von ihm zu machen, und waren sehr überrascht, wenn sie einem liebenswürdigen, wohlwollenden, oft zartfühlenden, entgegenkommenden Manne begegneten. Als der bayerische Gesandte Leuker im Jahre 1627 zum ersten Male eine Audienz bei Wallenstein erhielt, war er erstaunt über die Willfährigkeit des Herzogs, den man, wie er sich ausdrückte, im allgemeinen für ein cavallo indomito halte. Man hat den Eindruck, daß es ihm schwerer fiel, Gesuche von Gesandten abzuweisen, als sie zu bewilligen. Seine Liebenswürdigkeit konnte ihren Gegenstand bezaubern und bestechen. Man wußte, daß er die langen, gewundenen und geschraubten Denkschriften der Diplomatie seiner Zeit verabscheute, wie auch lange Vorträge ungern anhörte; er erschräke gleichsam, wenn er Schreiben sähe, und würde darüber schieferig, berichtet der brandenburgische Gesandte seinem Herrn. Ein Anliegen des Kurfürsten von Bayern schickte Questenberg dem Herzog im Auszuge: »Das Original wäre E. F. G. des langen geschwätz wegen zue wider gewöst.« Er wisse, schrieb Questenberg dem Freunde ein anderes Mal, daß er nicht gern »Tschartecken« läse. Von dieser Eigentümlichkeit des Gefürchteten unterrichtet, fragte Schwarzenberg, als er eine umständliche Klage des Kurfürsten von Brandenburg vorzubringen hatte, vorsichtig beim dritten Punkte, ob es ihm auch nicht zu lang würde? Zu seiner Überraschung antwortete Wallenstein auf das freundlichste, es werde ihm gar im wenigsten nicht zu lang. Als er einem anderen brandenburgischen Gesandten eine abschlägige Antwort geben mußte, steckte er das Gesicht ins Kopfkissen – er erteilte die betreffende Audienz im Bette – und hielt sich mit beiden Händen die Ohren zu, bis jener von etwas anderem zu sprechen anfing; ein Beispiel für die kindliche und unbekümmerte Art, die er haben konnte.

Auffallend ist bei dem meist liebenswürdigen und gefälligen Wesen Wallensteins, bei seiner inneren Unsicherheit und Schwäche, mit was für einer Vorsicht alle ohne Ausnahme ihn behandelten. Nicht auf den Kaiser nahm man so viel Rücksicht wie auf Wallenstein, ja der Kaiser selbst bedachte sich zehnmal, ehe er ihm etwas sagte oder sagen ließ, was ihn hätte ärgern können. Bei des Herzogs Empfindlichkeit oder bei seinem bekannten Humor, so etwa pflegte man sich auszudrücken, wolle man ihm dies oder das nicht geradezu sagen, oder die Sache lieber ganz gehen lassen, um ihm keine Offensionen zu kausieren. Er wurde behandelt wie eine sehr künstliche Maschine, die, wenn man sie nicht ganz richtig anfaßte, explodieren könnte. Das ist nicht nur dadurch zu erklären, daß er als Herr eines großen Heeres imstande war zu schaden; denn es gingen auch diejenigen behutsam mit ihm um, die nicht gerade Gewalttätigkeiten von ihm befürchteten; sondern die Erklärung davon muß in der Eigenart seines Wesens zu suchen sein. Die Erfahrung lehrt, daß in dem Maße, wie jemand zurückhaltend gegen andere ist, andere es gegen ihn sind, und so war es die Zurückhaltung Wallensteins im Verkehr, die andere band. Es war eine Atmosphäre um ihn, die die Leute hinderte, ihm ganz nahe zu kommen, und sie in einer solchen Ferne von ihm hielt, daß ihr Betragen als Ehrfurcht erschien und in seinen Wirkungen der Ehrfurcht gleichkam, selbst wenn vielleicht gar keine Ehrfurcht empfunden wurde. Ein Zeitgenosse, der Wallenstein mit vielem Verständnis zergliedert hat, war der Meinung, er verfolge mit seinem den üblichen Höflichkeitsformen nicht angepaßten Benehmen den Zweck, erstens Überlästige von sich fernzuhalten, zweitens sich so gefürchtet zu machen, daß man sich nicht getraue, ihm Unangenehmes zuzufügen. Allerdings wird es immer die Folge eines sehr zurückhaltenden Wesens sein, daß die Menschen sich an den Betreffenden nicht leicht heranwagen; aber deswegen muß es nicht der Zweck gewesen sein. Die Art und Weise, wie einer im Verkehr sich gibt, ist zu sehr angeboren, als daß sie auf die Dauer durch Verstellung zu regeln wäre. Dem Bewußtsein nach hätte Wallenstein wahrscheinlich manches Mal gern die unsichtbare Schicht, die ihn umgab, durchbrochen; aber er vermochte es vielleicht nur unter dem Einfluß des Zornes oder des Weines. Andere Male mag es ihm bequem gewesen sein, sich hinter der aus Menschenfurcht und Menschenverachtung, aus Erhabenheit und Schüchternheit gebildeten Mauer zurückzuziehen; immer aber war sie der unmittelbare Ausfluß seines tiefinnersten Wesens. Es war die Maske, hinter der der Stolze das tragische Geheimnis seiner Seele verbarg: seine Größe und seine Ohnmacht.

Wie Wallensteins Zurückhaltung die Menschen ihm gegenüber zurückhaltend machte, so machten seine Unsicherheit und Ängstlichkeit sie unsicher und ängstlich: niemand wußte recht, wie er sich im nächsten Augenblicke verhalten würde. Er glich insofern wirklich einer gefährlichen, schwer zu handhabenden Maschine: nicht nur ein ungeschickter, sondern jeder Griff konnte die unerwartetsten und unerwünschtesten Wirkungen haben. Ganz abgesehen von den politischen Zwecken, die er etwa damit verfolgte, liebte er es, Menschen und Mächte abwechselnd anzuziehen und abzustoßen, so daß sie sich, obwohl an Kreuz- und Querzüge der Diplomatie gewöhnt, des Gefühls nicht erwehren konnten, er spiele zu seinem Vergnügen mit ihnen. Was der böhmische Unterhändler Rašin ihn sagen läßt, er habe mit den Sachsen gespielt wie die Katze mit der Maus, entspricht durchaus den Umständen und seiner Natur.

Dies ist ein unheimlicher Zug in Wallensteins Wesen, den man die Grausamkeit der Schwäche nennen kann; wenn er auch aus der Unfähigkeit, sich zu entschließen, hervorgeht, so scheint doch auch eine grausame Lust dabei im Spiele zu sein, die Wollust des Machtgefühls, welche den letzten Genuß, die Tat, hinausschiebt, der sie zugleich enden würde.

Auch darin irrten sich Fernerstehende, daß sie glaubten, energischer Widerstand werde Wallenstein zu desto gewaltsamerer Gegenwehr reizen; er pflegte dann im Gegenteil einzulenken. Seine Feinde hätten leichtes Spiel mit ihm gehabt, wenn das Herrscherhafte seines Wesens seine Furchtsamkeit nicht so gut verhüllt hätte.

Die innere Unsicherheit und Schwäche war der Grund von Wallensteins Beschäftigung mit der Astrologie. Sie war ihm dasselbe, was dem Kaiser Ferdinand die Religion war; wenn er, bevor er irgend etwas tat oder unternahm, wenn er etwas fürchtete oder hoffte, Astrologen um Rat fragte, so tat er dem Wesen nach nichts anderes, als wenn Ferdinand Gelübde ablegte, in Prozessionen ging oder Erleuchtung im Gebet suchte. In der geistigen Veranlagung allerdings bestand ein großer Unterschied: ebenso selbständig im Urteil wie unselbständig im Handeln hätte Wallenstein der Autorität überlieferter Dogmen und beliebiger Priester sich nicht unterworfen; die unerreichbaren und unbeirrbaren Sterne und ihr vorausgesetzter Zusammenhang mit dem menschlichen Schicksal verkörperten ihm eine ganze, übereinstimmende, aber unpersönliche Welt, die seinem Verstande einleuchtete und sein Gefühl nicht durch Forderungen beunruhigte. Bedingt das auch nicht die abergläubischen Folgerungen, die er daraus zog, so kann es doch erklären, warum er astrologischen Aberglauben einem religiösen vorzog.

Kepler, ganz anders geartet als Wallenstein, einfach, wahr, sicher in der eigenen Kraft ruhend, beantwortete einmal die Fragen, die Wallenstein an ihn richtete, durch die Auseinandersetzung, daß die himmlischen Erscheinungen unmittelbare Folgen nur in der himmlischen Welt, nicht in der menschlichen Sphäre haben könnten, und woran es liege, daß die Prophezeiungen der Sterndeuter zuweilen einträfen. Man sollte meinen, daß diese Erklärung einem Menschen von solchem Verstande, wie Wallenstein war, eingeleuchtet hätte; anstatt dessen beantwortete er sie mit der Bitte um noch ausführlichere Mitteilungen. Sein Bedürfnis, sich über die Zukunft zu vergewissern, war so stark, daß er sich gegen die Einsicht verblendete, die ihm die Stütze geraubt hätte. Er besaß den Gott nicht, der in der Brust des ungebrochenen Menschen magnetisch die notwendige und darum rechte Bahn weist; er, den die staunende Mitwelt als ein jäh und steil aufsteigendes Meteor betrachtete, ging seinen Weg tastend und schwankend, immer nach Zeichen außer ihm suchend und von der Ahnung gequält, daß er zum Abgrund führe.

Bis zu einem gewissen Grade teilte Wallenstein in der Unentschlossenheit die Eigentümlichkeit seiner Zeit. Dies Symptom einer seelischen Krankheit, eines Schwächezustandes der Nerven, machte sich allenthalben bemerkbar und trug weit mehr die Schuld an der langen Dauer des Krieges als etwa Tatendrang. Es war die allgemeine Gepflogenheit, zu dissimulieren und hinzuhalten, damit die Entscheidung hinausgeschoben werden könne. Nicht nur an den Höfen, sondern auch in den Städten brachte die übermäßige Bedächtigkeit es dahin, daß nie etwas ausgerichtet wurde. »Schwerhäuptig und skrupulös« nennt Foppe von Aitzema die Hanseaten, und in einem zeitgenössischen Gedichte wird gemahnt:

> Drumb seid nit allzu weise, solch Leut hasset das Glück,
> Das tut allein nit nützen, daß man viel ruf und schrei,
> Wenn die Karr steckt in Pfützen, die Hand muß sein dabei;
> Die Tugend steht im Werke, die That muß sein damit,
> Da wird erkannt ihr Sterke, Wort schlan die Leute nit.

Der erstaunte Ekel vor der allgemeinen Tatenscheu ließ Gustav Adolf die welthistorischen Worte sprechen: O saeculum ignavum!

In einer solchen Umgebung würde Wallensteins Unentschlossenheit kaum aufgefallen sein, wenn sie nicht in Widerspruch zu seinem Amt, mehr aber noch zu anderen Seiten seines Wesens gestanden hätte. Sowie er als Landesherr regierte und verwaltete, war er fest und zielbewußt; in den Briefen an seine Beamten, die seine Befehle ausführen sollten, gebrauchte er häufig den Ausdruck, sie sollten es in furia, ohne Verlierung einiger Minuten tun; er scheint ihnen sein eigenes Ungestüm einhauchen zu wollen. Ebenso entschlossen und unablenkbar handelte er, wenn er einen bestimmten Plan verfolgte, der seiner Bereicherung diente und bei dessen Durchführung er den Boden des Rechtes nicht zu verlassen brauchte.

So beschaffen wirkte Wallenstein nicht in der Art anderer großer Heerführer auf die Soldaten; er bezauberte sie nicht durch hinreißende Anreden wie Napoleon, er gewann sie nicht dadurch, daß er die Strenge des Befehlshabers mit kameradschaftlichem und väterlichem Anteil verband wie Friedrich der Große, er warf sich nicht allen voran ins Getümmel, heldenhaft begeisternd, wie Gustav Adolf; schon durch seine Krankheit schwer beweglich, konnte er kein soldatisches Vorbild sein, indessen gerade dadurch, daß er sich absonderte, daß er wenig sprach, daß tiefe

Stille um ihn her sein mußte, daß man ihn nicht grüßen durfte, wenn er durchs Lager ging, daß man immer im ungewissen über ihn war, beherrschte er die Phantasie; das Zwielicht, das seine Umrisse verhüllte, ließ ihn ungeheuer erscheinen. Es muß etwas Geheimnisvolles von ihm ausgestrahlt sein und ihn als ein Nimbus umgeben haben, es muß, obwohl unbeschreiblich und unerklärlich, doch von allen empfunden sein, die in seine Nähe kamen. In seiner äußeren Erscheinung prägte sich die Größe aus, die er in Taten nicht ganz verwirklichen konnte. Er war hoch gewachsen und hager, der Blick seiner Augen, die von einigen dunkel, von anderen hell geschildert werden, war durchdringend, seine Stirn majestätisch.

Übrigens ist es schwer zu entscheiden, ob Wallenstein bei den Soldaten beliebt oder unbeliebt oder sogar verhaßt war; denn für alles liegen Zeugnisse vor. Daraus, daß er gut und umsichtig für seine Untertanen sorgte, kann man schließen, daß er es ebenso für den gemeinen Soldaten tat; aber er tat es mehr aus dem Bedürfnis des Organisators, gesunde, lebensfähige Verhältnisse zu schaffen, als aus persönlicher Anteilnahme, die wohltut. Er hatte den Grundsatz, für im Heer begangene Fehler mehr den Offizier als die gemeinen Soldaten verantwortlich zu machen; aber auch diese Gerechtigkeit trug ihm vielleicht nicht so viel Dank und Liebe ein, wie gelegentliches Preisgeben der Persönlichkeit getan hätte. Der materielle Vorteil, den Offiziere und Soldaten bei ihm fanden, der Nimbus seines Namens, zog wohl die Massen an, über diese hinaus aber dauerte die Anhänglichkeit nicht. Er wich zu sehr von der Allgemeinheit ab, um von vielen verstanden und geliebt zu werden; nur einige haben, wie es scheint, eine vom Glück unabhängige Bewunderung und Zuneigung für ihn empfunden.

*

Einen anderen Weg zu Macht und Ehre als durch Kriegsdienst oder Hofdienst gab es für Adlige nicht; daß Wallenstein den Kriegsdienst wählte, erklärt sich ohne weiteres aus seinem Unabhängigkeitssinn: »Er ist so erpicht auf das Waffenhandwerk,« schrieb sein Schwager Zierotin im Jahre 1607 einem Freund mit der Bitte, ihn dem Erzherzog Matthias zu empfehlen, »daß, wenn Seine Hoheit geruhen sollte, ihn zum Kammerdienst zu ziehen, er Ihnen keine Ruhe lassen würde, bis er seinen Abschied erhalten hätte, um für einige Zeit nach Flandern zu gehen!«

Wie es nicht militärische Begabung war, die ihn zum Kriegsdienst führte, so zeichnete er sich auch nicht in auffallender Weise durch Waffentaten aus; mehr wurde im Kriege gegen Venedig, den er mitmachte, die gute Ordnung und Ausstattung seines Regimentes bemerkt. Sein erstes entscheidendes Hervortreten fällt in die Zeit des Ausbruchs der böhmischen Revolution, wo er sich, ohne zu zögern, für die Sache König Ferdinands entschied, der bald nachher Kaiser wurde.

Schon die Religion trennte Wallenstein von den Rebellen, die in der überwiegenden Mehrzahl Protestanten waren; aber auch davon abgesehen, würde er sich ihnen niemals angeschlossen haben.

Die böhmischen Adligen verfolgten durchaus konservative und partikulare Ziele: sie wollten einen machtlosen König und rechtlose Bauern, die nur von ihnen abhingen, um eine unumschränkte, fast fürstliche Stellung auf ihren Gütern zu bewahren. Eine verpflichtende Verbindung mit den Protestanten im Reich wollten sie nicht eingehen. Als Erzherzog Ferdinand sich als König vorstellte, riet Graf Thurn unter Betonung der Wahlfreiheit, einen andern Fürsten zu wählen; aber dieser verständige Plan scheiterte an der Unschlüssigkeit und Bequemlichkeit der böhmischen Herren. Sie wollten ihren Glücksstand, den sie noch zu vermehren trachteten, nicht durch eine unwiderrufliche Handlung von unübersehbaren Folgen aufs Spiel setzen, ließen die Dinge gehen und gaben dem Habsburger ihre Stimme. Damit hatten sie den Augenblick verpaßt, wo sie auf einem rechtlichen Grunde fußend ihre Wünsche hätten betreiben können, was nun nur auf revolutionärem Wege möglich war. Durch Einigkeit und Opferwilligkeit hätten sie auch jetzt noch etwas erreichen können; aber wie in der Regel bei den Klassen, die lange im Besitz und in der Herrschaft waren, überwog bei ihnen Genußsucht und Tatenscheu.

Folgerichtig, unbedenklich und tätig war vorzüglich einer, Graf Heinrich Matthias Thurn, bei allen gegen das Haus Österreich gerichteten Unternehmungen der Tonangeber und Leiter.

Er war stets bereit, mit Leib und Seele für seine Ideale, die evangelische Religion und die Unabhängigkeit Böhmens, einzutreten, und sah in ihnen die einzigen, die ein ehrbarer Böhme haben könne; was er haßte, insbesondere die Jesuiten, war für ihn unbedingt teuflisch. Er war nicht geistvoll, nicht gedankentief, er war leichtgläubig, unbesonnen, schnell begeistert, schnell entrüstet, schnell versöhnt, aber immer bei der Sache. Die politischen Ereignisse, die in den zeitgenössischen Schriftstücken so dürr, steif und unentwirrbar verwickelt wie eine von ungeschickten Händen verfertigte, zu einem Brett zusammengezogene Strickerei erscheinen, werden in seinen Briefen durch seine feurige Anteilnahme zu unterhaltenden Erlebnissen. Am meisten spricht für ihn und ist es ohne Beispiel, daß er imstande war um der Sache willen persönlich zurückzutreten.

Die Kriegsoperationen leitend versuchte Graf Thurn die habsburgischen Erblande zu gemeinsamem Handeln zusammenzufassen und hatte damit zunächst Erfolg. Die Willigkeit der Mähren zum Anschluß übertraf noch seine Erwartungen; eine Ausnahme davon machten nur die beiden Obersten Nachod und Wallenstein. Da es dem letzteren nicht gelang, sein Regiment – es war Fußvolk – von den mährischen Ständen ab und auf die kaiserliche Seite zu ziehen, floh er nach Wien; mit ganz leeren Händen kam er jedoch nicht, sondern brachte die ständische Kasse mit, die 90 000 Taler enthalten haben soll.

In einem Aufruf, den Thurn an die wallensteinschen Truppen richtete, hieß es: »Denn wer seiner geschworenen Pflicht vergißt, ohne Ordinanz seiner Prinzipalen den anvertrauten Paß verläßt, seine untergebenen Soldaten und viel ehrliche Gemüther mit falschen und betrüglichen Persuasionen überführt, flüchtig abzeucht und sich des Landes Geld gewaltthätiger, ja räuberischer Weise bemächtigt, der sündigt an Gott, verletzt die Ehre und handelt wider Gewissen; sein Name lebt billig in zeitlichem Spott und wird begraben mit ewiger Schmach und Unehr!«

Und an den Grafen Schlick schrieb er: »Was für ein Meineid und Treulosigkeit der hoffärtige von Wallenstein begangen, beweist der Einschluß. Er wird vom Herrn Kardinal ebnermaßen, ja von der ganzen ehrbaren Welt also titulirt und publizirt werden. Mir schreibt man für gewiß, daß er von dem König zu Wien auch soll übel angesehen sein. Da sitzt die hoffärtige Bestie, hat die Ehr verloren, Hab und Gut und die Seel, so er nit Buße thut, darf wohl ins Porgetorium kommen. Der von Nachod ist ausgerissen, kommt ebnermaßen mit einem solch Schandfleck in die Chronik, außerhalb daß er kein Geld aus der Kasse dem Land gestohlen hat.«

Bei den verwickelten staatlichen Verhältnissen der Zeit ist es oft schwer, Recht und Unrecht festzustellen; Wallenstein stand im Dienst der mährischen Stände, hatte diesen geschworen und mußte entweder ihre Befehle ausführen, oder in einem Konflikt sein Amt niederlegen, wie es zum Beispiel der Kardinal von Dietrichstein, Generaloberst von Mähren, tat; andrerseits, wenn auch die Stände die Fiktion aufrechtzuhalten suchten, als führten sie nicht Krieg gegen den König, so war es doch tatsächlich so, und dem Sinne nach handelte Wallenstein durchaus als treuer Diener des Königs, dem er auch verpflichtet war. Übrigens mißbilligte Ferdinand amtlich die Handlung Wallensteins, besonders in bezug auf das Geld erklärte er, daß es nicht auf seinen Befehl fortgeführt sei und daß er sich desselben nicht teilhaftig machen wolle. Die Drohung der mährischen Stände, sie wollten sich an den Dietrichsteinschen Gütern schadlos halten, und der Wunsch des Königs, hinzuhalten, den Schein friedlicher Gesinnung zu wahren, wird dabei maßgebend gewesen sein. Wallenstein seinerseits tat sich viel auf dies Verhalten zugute, und es war jedenfalls das, woran er dachte, wenn er später auf einen wichtigen Dienst anspielte, den er dem Kaiser vor Jahren geleistet habe.

Es ist bezeichnend für Wallenstein, daß er in diesem für ihn gefährlichen Augenblick an das Geld dachte, das dem Wiener Hofe stets mangelte und auf das er selbst so großes Gewicht legte. Vor allem merkwürdig ist es, wie dies erste selbständige Hervortreten des Sechsunddreißigjährigen ein Vorspiel seiner letzten verhängnisvollen Taten ist: er versuchte seine Truppen dem Eidesherrn abspenstig zu machen und dem Gegner desselben zuzuführen, es mißlang ganz, beziehungsweise zum Teil, und er brachte dem Feinde nur seine Person und eine Summe Geldes, in deren Besitz er sich gewaltsam gesetzt hatte. Dieselbe Tat war einmal der erste Schritt zur Größe, einmal der letzte Schritt zum Tode. Daß Wallenstein ihn jenes erste Mal entschlossen, überzeugt, mit glücklichem Erfolge tat, zuletzt zögernd, wankend, fast wider Willen, das hängt mit dem wesentlichen Unterschiede der Lage zusammen; er war mutig, als er von den Rebellen zur legitimen Macht abfiel, hoffnungslos, als er, der legitimen Macht sich entgegenstellend, Rebell wurde.

Die Unzulänglichkeit der böhmischen Aristokratie durchschaute Wallenstein, und seine Wahl war insofern das Ergebnis seines Scharfblicks. Hätte er ihnen aber auch etwaige Erfolge zugetraut, so wußte er, daß sie ihn doch nie zu einer überragenden Stellung hätten gelangen lassen. Zwar auch Ferdinand verachtete er im Grunde als einen Mann, der Dinge unternahm, zu deren Erreichung ihm Kraft und Mittel fehlten; aber er war doch Kaiser – im Herbst des Jahres 1619 wurde er gekrönt –, und wenn er ihm diente, so diente er dem höchsten weltlichen Titel in der Christenheit. Thurn griff nicht fehl, wenn er den Grund zu Wallensteins Entscheidung in seiner Hoffart suchte.

Bei der ersten großen Schlacht des Dreißigjährigen Krieges war Wallensteins Regiment, aber nicht er selbst anwesend. Nach dem Siege erhielt er den Auftrag, als Kommissar des Königs die nordböhmischen Städte im Gehorsam zu halten, zu welchem Zweck er Werbungen anstellte und Besatzungen in die betreffenden Plätze legte. Er achtete dabei besonders darauf, daß die Städte sich ihm und nicht dem Kurfürsten von Sachsen verpflichteten, der gleichfalls im Namen des Kaisers arbeitete und zu dem die Böhmen, als zu einem Protestanten, mehr Zutrauen hatten; für den König lag da die Gefahr vor, daß der Kurfürst ihm die Orte entfremdete. Diese Aufgabe entsprach Wallensteins Begabung, und er bewährte sich gut dabei.

Die wichtigsten Ereignisse der nächsten Jahre für Wallenstein waren, daß er dem Kaiser Geld lieh und andererseits seinen Besitz, seine Titel und Rechte vermehrte. Im Jahre 1621 erhielt er die Herrschaft Friedland zu Lehen, das Recht, sich von Waldstein und Friedland zu nennen und auf diesem Gut und allen anderen ein Fideikommiß zu errichten, die Würde eines Pfalzgrafen. In diese Zeit fällt auch seine Beteiligung an der Münzgesellschaft, wodurch er sich erheblich bereicherte; aber den Verhältnissen der Zeit und seinen Neigungen entsprechend, suchte er sein Vermögen möglichst in Grundbesitz anzulegen.

Als Obrist von Prag, wozu er im Jahre 1622 ernannt wurde, erregte er in Böhmen verhängnisvolle Feindschaften gegen sich. Wo er regieren konnte, trat er als Vorläufer der sogenannten aufgeklärten Despoten auf, die aus dem Staat einen regelmäßig arbeitenden, auf möglichst zweckmäßige Art sich selbst erhaltenden Organismus machten. Die Zusammenfassung aller Kräfte zu einem Zweck und ihre Unterordnung unter denselben war dabei der hauptsächliche Unterschied gegen die Vergangenheit, während welcher die Idee des Ganzen von den selbständig wirksamen Einzelgruppen überwuchert war. Daß der Organisator dabei zunächst mit denjenigen zusammenstieß, die ihm am ähnlichsten und nächsten waren, die im Besitz der meisten Vorrechte die wenigste Neigung zu irgendeiner Rücksicht auf die Allgemeinheit hatten, ist selbstverständlich.

Daß er die Stadt Prag befestigen und dazu Steuern auflegen wollte, brachte die höchsten Beamten gegen ihn auf, den Fürsten Liechtenstein und die durch den Fenstersturz bekannten Martinitz und Slawata. Alle drei konnten große Ansprüche auf des Kaisers Gnade erheben, die beiden letzteren durch ihr Märtyrertum, Liechtenstein dadurch, daß er den Prozeß gegen die böhmischen Rebellen geführt hatte, dazu gab ihnen ihr höheres Alter ein gewisses Übergewicht. Durch ihre politische Richtung Wallensteins Parteigenossen, machte sein unbändiges Selbstgefühl sie zu Nebenbuhlern, und es ergab sich das eigentümliche Verhältnis, daß er zu ihnen bald in einem schärferen Gegensatz stand als zu dem vertriebenen protestantischen Adel. Auch in der Auffassung aller öffentlichen Verhältnisse bestand ein einschneidender Unterschied: diese katholische Aristokratie war zwar dem Hause Habsburg ergeben und bequemte sich mehr zum Hofdienst, hatte aber übrigens dieselben feudalen und partikularen Interessen, wie die protestantische sie gehabt hatte. Sie beklagten sich beim Kaiser über die Erhöhung der Steuern, suchten darzutun, daß die Befestigung Prags untunlich sei, und baten, sie, als besonders treue Untertanen, im Besitz ihrer Privilegien zu lassen. Indem sie das Amt des Obristen von Prag abzuschaffen baten, zeigten sie deutlich, in welcher Persönlichkeit sie die neue, zentralisierende Strömung vertreten sahen.

Aus einem ähnlichen Grunde hatte sich Wallenstein im vorhergehenden Jahre mit dem Kardinal Dietrichstein verfeindet, der die zum Kriege erforderlichen Steuern von Mähren, wo er begütert und beamtet war, abwälzen wollte. Seit dieser Zeit ziehen sich durch den ganzen Krieg Wallensteins Angriffe auf das »lose Kardinalerle«, wie er Dietrichstein nannte, indem er ihn zu Beiträgen für den Krieg heranzuziehen, der Kardinal die Eingriffe abzuwehren suchte.

Inzwischen hatte Wallenstein bereits eine solche Stellung am Hofe erlangt, daß die Gegnerschaft sie nicht erschüttern konnte. Ein wesentlicher Punkt bei diesem Aufstiege war seine Heirat mit Isabella von Harrach, die der Ausdruck seiner guten Beziehung zu ihrem Vater, dem Geheimen Rat Karl von Harrach war. Damit trat er in den Kreis der angesehensten Ratgeber und Freunde des Kaisers ein, die es sich nun angelegen sein ließen, ihn zu fördern, wie sie von ihm Förderung der öffentlichen Angelegenheiten in ihrem Sinne erwarteten. Der persönliche Eindruck, den Wallenstein machte, war dabei sicherlich das zunächst Entscheidende: alle diese Männer, mochten sie nebenbei auch von Wallenstein durch Geld bestochen sein, Harrach, Eggenberg, Questenberg, Werdenberg, waren durchdrungen von seiner Überlegenheit.

Er hatte im Grunde noch nichts Hervorragendes, Überraschendes geleistet; aber es waren ihm auch noch keine großen Befugnisse eingeräumt gewesen. Die scharfe und treffende Kritik, die er ausübte, zeigte, daß er die Fehler, die gemacht wurden, richtig erkannte, und seine Persönlichkeit bürgte dafür, daß er es besser machen würde, wenn man ihm nur die Macht und die Freiheit zu handeln gäbe.

Die Ratschläge, die Wallenstein während des unglücklichen Feldzugs gegen Bethlen Gabor, den Fürsten von Siebenbürgen, gab, bestanden hauptsächlich darin, daß der Kaiser mehr Soldaten werben müsse, zweitens, daß besser für rechtzeitige Zufuhr von Proviant gesorgt werden müsse. Da nun die Werbungen einesteils an der dem Kaiser eigentümlichen Indolenz, andererseits aber an seinem Geldmangel scheiterten, lag der Gedanke nahe, daß Wallenstein mit seinen bedeutenden Mitteln einspringen könne. Reiche Privatleute heranzuziehen, war stets ein beliebter Ausweg des Wiener Hofes gewesen, worauf auch die Beziehung zur Familie Eggenberg begründet war; bei Wallenstein kam noch sein Talent zur Heeresorganisation und seine Neigung dazu, durch den Kriegsdienst den ungemeinen, überragenden Aufschwung zu nehmen, den er sich erwartete.

Über Wallensteins Anerbieten, dem Kaiser auf eigene Kosten ein Heer aufzurichten, wurde vermutlich schon im Jahre 1624 während seines Aufenthaltes in Wien verhandelt. Im Dezember desselben Jahres übermittelte er Kepler folgende Fragen zur Beantwortung: »1. ob er apoplexia sterben werde, 2. extra patriam, 3. auch extra patriam officia und Güther erlangen, 4. wie lange er Kriegswesen continuiren solle, 5. in was Landen er Kriegsdienste continuiren werde, 6. ob er Glück oder Unglück dabei zu gewarthen, 7. ob er feindt haben werde, 8. was es für feindt sein werden, 9. unter was für ein Zeichen sie wohnen, 10. ob anderer Astrologorum Urtheil richtig wär, daß seine Landsleuth, die Böheim, sein gröst feindt sein werden?«

Man sieht daraus, wie sehr die Feindseligkeit seiner Standesgenossen in Böhmen Wallenstein beschäftigte, und darf wohl schließen, daß sie ihn veranlaßte, das Ausland, nämlich das Reich, als Gegenstand seines Herrschertriebes ins Auge zu fassen. Anfangs dachte der König von Spanien daran, ihn als Feldherrn in seinen Dienst zu nehmen; aber er stand zugunsten des lange schwankenden Kaisers davon ab. Im Frühling des Jahres 1625 war Wallenstein in Wien, und im Mai erfolgte die endgültige Entschließung des Kaisers: der Einfluß des Harrachschen Kreises hatte den Sieg über die gegnerische Partei und wohl auch über die Abgeneigtheit Ferdinands selbst davongetragen. Das erste Anerbieten Wallensteins sowie der erste Befehl des Kaisers bezogen sich nur auf die Aufrichtung des Heeres; erst im Juni wurde er zum General über die gesamte Armee des Kaisers und gleich darauf zum Herzog von Friedland erhoben. Er hätte eine solche Stellung, die ihn zum Kommandierenden über fürstliche Herren machte, nicht ohne entsprechende Standeserhöhung einnehmen können.

Wallenstein wußte wohl von vornherein, daß er das von ihm geworbene Heer auch anführen würde; aber daß er daran, obwohl es das eigentliche Ziel war, nicht ohne Unruhe, nicht ohne Zaudern dachte, ist durchaus glaublich. Die Einrichtung des Heeres war eine Aufgabe, der er sich gewachsen wußte; er übernahm sie zuversichtlich und führte sie rasch und vorzüglich aus. Seine diesbezügliche Tätigkeit bestand hauptsächlich darin, daß er den Obersten, die ihm tauglich schienen, Werbepatente verlieh und ihnen Werbeorte und Musterplätze anwies, daß er für die Beschaffung der Waffen und sonstige Ausrüstung sorgte, daß er die schnelle und richtige Ausführung seiner Anordnungen überwachte. Die Obersten warben die Regimenter auf ihre Kosten, für die Besoldung hatte der oberste Kriegsherr zu sorgen; aber bei der Unregelmäßigkeit und Ungewißheit des Zahlens mußten sie auch später oft Vorschüsse leisten. Der Reichtum und Einfluß Wallensteins gab ihnen eine gewisse Bürgschaft der Wiedererstattung und empfahl den Dienst unter ihm besonders. So geartet war das damalige Kriegswesen eine geschäftliche Unternehmung, bei welcher die Gründer unter bedeutendem Risiko reich werden wollten. Von Begeisterung war keine Rede, und auch der Anteil an der Sache, um die Krieg geführt wurde, trat ganz zurück; man beteiligte sich bei einem Geschäft, das Geld und Ehren einbringen konnte und das ein ungebundenes Leben ermöglichte. Übrigens war es der übliche Beruf des Adels. Der gemeine Soldat spielte dabei etwa die Rolle des heutigen Fabrikarbeiters, mit dem Unterschiede, daß der Lohn ihm nicht regelmäßig ausgezahlt wurde und daß er auch nicht das Recht hatte, dies zu verlangen. Zwar kam es nicht selten vor, daß allzu langes Ausbleiben des Soldes die Truppen unmutig machte; aber ernstliches Fordern oder etwa gar Verweigern des Dienstes wurde als Meuterei aufgefaßt. Kam es doch zu einer solchen, einer Art von Streik, so endete sie immer mit harter Bestrafung der rechtlosen Masse. Da die Offiziere im allgemeinen zuerst auf Befriedigung der eigenen Ansprüche bedacht waren, kam es nicht selten vor, daß sie das für die Soldaten bestimmte Geld für sich unterschlugen; daß die Offiziere schwelgten und die Gemeinen darbten, war die Regel.

Aus dieser Einrichtung des Heerwesens ergaben sich große Unzuträglichkeiten, die nicht ganz überwunden werden konnten; auch Wallenstein gelang es nur bis zu einem gewissen Grade, dank seinem Reichtum, seinem Ordnungssinn und seiner eindrucksvollen, Furcht und Ehrfurcht einflößenden Persönlichkeit. Sein Sinn für Ordnung, Pünktlichkeit und Zweckmäßigkeit war so lebhaft und sein Selbstgefühl so groß, daß er Mangel an Disziplin schlecht ertrug und niemandem hingehen ließ; die Anmaßlichkeit des hohen Adels reizte ihn sogar zu besonderer Schärfe, der es doch nicht gelang, ihn ganz zu unterwerfen. Diese Menschen, die gewohnt waren für hohen Preis wenig zu leisten, empfanden die Strenge des Emporkömmlings bitter, bitterer noch, daß er sich niemals bei Trinkgelagen mit ihnen gemein machte, daß selbst in den Augenblicken seiner Vertraulichkeit noch eine unverrückbare Schranke zwischen ihm und den anderen blieb. Die Eifersucht, die Verhetzungen, die Ränke, die unter den Offizieren im Schwange waren, hätte ein persönliches herrisches Hervortreten des Generals im Zaume halten können; aber das war Wallenstein nicht gegeben. Man scheute ihn und hielt sich in seiner Gegenwart zurück; aber für den Druck, den er ausübte, für die kühle Verachtung, die von ihm ausging, rächte man sich gelegentlich, wie man konnte.

Sowie im Sommer 1625 die Ernennung Wallensteins zum General bekannt wurde, begannen die Mißhelligkeiten mit den Offizieren. »Dieser Tag hat mir der Colloredo gesagt,« so schreibt er an Collalto, »daß der Don Balthasar ihm gesagt hett, es nehm ihn groß Wunder, daß ich ohne einiges hohen Offiziers Anziehung vermein diese Armada zu führen; darauf ich ihm zur Antwort gegeben, es wäre dem also, ich aber hätte nicht wollen andere Offizier bestellen, bis ich im Feld bin, alsdann wollt ich wegen des Grafen Freiherrn von Solms anhalten. Nacher sagt er mir, daß er gehört hett, daß der Herr Bruder procurirt, daß der Generalstab abgedankt sollte werden, auf daß er selbst General wird; ich hab ihm gesagt, ich hätte izunder nichts davon gehört, allein wie der Graf von Bouquoy sei blieben, so hätte man spargirt gehabt, daß der Herr Bruder sein carico begehrt hätte, vermeine aber izunder, daß er so wohl steht, daß er nicht Ursach hab, was anderes zu begehren.«

Nicht mit sicherem Schritt, sondern behutsam windet sich Wallenstein durch die lauernde Eifersucht; er gibt sich den Anschein, als wünsche er seine Macht mit einem anderen zu teilen, was er nach seinem öfters angeführten Grundsatz amor et dominium non patitur socium niemals getan hätte.

Die meisten Offiziere, die sich nun zu Regimentern drängten, erregten seinen Widerwillen, besonders die von Wien empfohlenen.

»Die Herren haben mir den Marchese di Grana herein recommandirt; ich habe vermeint, daß er woll ein Aventurino sein, so begehrt er ein Regiment, dabei ich dann den Herrn Bruder ganz freundlich bitten tu, daß Ihr Matt. nicht darein verwilligen, denn es könnt mir kein größere Ungnad geschehen, noch kaum vom Pferd abgestiegen, so hat er sich fleißig um ein Vacanz bewerben wollen; aber es muß nicht gehen.«

So schreibt er an Collalto, und an seinen Schwiegervater einige Zeit später: »Der Marchese di Grana erzeigt sich sehr malcontent, daß ich ihn zu keinem Regimente will befördern, sein Maul wird nicht feiern; bitt mein Herr woll es bei Ihr Matt. und sonsten bei andere ministris vorkommen, daß man mir ihn recommandirt, denn ich schwöre, daß ich lieber wollte in Spital gehn, als ihn bei mir haben, und von Tag zu Tag mag ich ihn weniger leiden.«

Mit dem ihm eigentümlichen scharf treffenden und lustigen Witz schreibt er im Oktober 1633 an Questenberg: »Wan ich des von Grana praesumption betrachte, so nimbt mich wenig wunder, daß er Rab praetendirt; wann ich aber die qualiteten ansehe, so kann ichs nit anders als vor ein großes disparato halten.«

Obwohl Wallenstein voraussah, daß des Caretto, Marchese di Grana, Maul nicht feiern würde, so ahnte er doch kaum, was für einen tödlichen Haß, was für eine unersättliche Rachsucht er in diesem Italiener erregte, noch weniger, mit welcher geierhaften Gier er neun Jahre später auf die herrenlose Habe des Geächteten und Ermordeten stoßen würde.

Über Colloredo schreibt er an Harrach: »Daß sich Ihr Matt. wegen des Colloredo, daß er General Wachtmeister sein sollte, nicht resolvirt haben, sondern ein Gutachten begehrt, sag Ihnen unterthenig Dank; denn hätte es sein sollen, so wäre ich gewiß nicht geblieben, dieweil die Armada mit ihm wär versehen worden wie ein Dorf mitn unsinnigen Pfaffen.«

Und an Collalto: »Colloredo schickt, er hab Befehl, hundert Musketier zu montiren, ob er der Bauern Roß nehmen darf ... drauf ich ihm sagen lassen, sein übel disciplinirtes Regiment hette zuvor überall gar zu viel Schaden und Ungelegenheit gemacht, ich will nicht, daß sie nun mehr die Pauern strapiciren sollten.«

Von Desfour schreibt er: »Er ist dahie ein Pest, denn er alle Unordnungen und Raubereien befürdert und hat mehr Schaden getan als die ganze Armee.« Von Wratislav, den er selbst vorgeschlagen hatte, er habe zeit seines Lebens keinen zum Kriege untüchtigeren Menschen gesehen, »denn es steckt doch in der Welt nichts hinter ihm«. Er habe weder Valor noch Experienz noch Verstand. Wie er denn, wenn er sich einmal etwas in den Kopf gesetzt hatte, nicht nachließ, bis es erreicht war, fuhr er fort, die Entlassung des Wratislav zu fordern; denn er hoffe, schrieb er seinem Schwiegervater, »daß man mehr Ihr Matt. Dienst und meine Person wird in acht nehmen als seine lange Nasen«. Wenn man liest, wie anstößig Wallenstein der Buckel Fürstenbergs und Wratislavs lange Nase waren, fällt einem die Bemerkung eines Mannes ein, der den Herzog sehr genau kannte, daß »sein Zorn auch gegen diejenigen hervorbreche, die, ohne ihn zu beleidigen, lediglich solche angeborene Schwachheiten an sich haben, die seiner Laune nicht zusagten«. Sich durch Äußerlichkeiten beeinflussen zu lassen, verstößt gegen die Sachlichkeit, deren Männer, auch wenn sie sie nicht haben, sich gern rühmen, namentlich wo es sich um die Beurteilung von Männern handelt. Es scheint, daß Wallenstein einen lebhaften Schönheitssinn besaß und jene Reizbarkeit, die unter sinnfälligen Mängeln stark leidet; sie mag in Zusammenhang stehen mit einer von der Wirklichkeit sich zurückziehenden Phantasie.

Von Illo, der später sein entschlossenster Anhänger wurde und mit ihm fiel, schreibt er: »Der Ilau ist vor etlich wenig Tag hie gewest, hat mir viel Wascherei zwischen den Befehlshabern angericht ... ich mag seiner wegen vieler Ursachen nicht, erstlich daß er ein stolzer, aufgeblasener Kerl ist, das ander, daß er Verhetzungen unter den Befehlshabern gern macht«, drittens mache keiner solche Erpressungen wie er, »drumb mag ich seiner ganz und gar nicht.«

»Den Grafen Wolfen von Mansfeld«, schreibt er seinem Schwiegervater, »muß man nicht gedenken, daß ich dazu werde brauchen, denn unsere humori stimmen so gar nicht zusammen.«

Und über denselben an Collalto: »Nun taugt er kaum zu etwas, wenn er obedirt, will geschweigen, wenn er allein von ihm selbst dependiren sollte; wehre er so krank, wie er aufgeblasen ist, so wäre er längst tot.«

Mit einer gewissen Gutmütigkeit ergießt er seinen Spott über den Spanier Don Balthasar Marradas. »Der Don Balthasar ist ein guter Cavaliero,« schreibt er, »aber die Sachen seind zu hoch vor ihn.« An anderer Stelle: »Don Balthasar ... macht gewaltige Sachen aus seinen zerlumpten Reiters ... ich hätt gern gesagt, daß sie ausreißen sollen, wie sie zuvor oftermalen getan haben.« Bei einer anderen Gelegenheit nennt er diese Reiter eine »pur lautre Canaglia«.

Drei Obersten, die ihm von Wien empfohlen waren, charakterisiert er Collalto gegenüber folgendermaßen: »einer ist inbambito, der ander tardo come il moto di Saturno, der dritt weiß selbst nicht, was er haben will.« Ihm gefielen Tollkühnheit, rasches, unbedenkliches Daraufloshandeln, die Eigenschaften, die er selbst nicht hatte.

Es setzt in Erstaunen, wie unbekümmert derselbe Mann sich äußert, den man oft so vorsichtig, so unüberwindlich verschlossen findet. Ferner fällt es auf, daß er zu verschiedenen von den Herren, über die er sich so wegwerfend und zum Teil beleidigend äußerte, in gute Beziehungen trat. Die Ursache davon war sein gänzlicher Mangel an Menschenkenntnis. Er hatte einen scharfen Blick für die einzelnen Wesensäußerungen der Menschen, insbesondere für ihre Schwächen, aber er erfaßte nicht den Kern, nicht das Ganze. Der Mangel an Menschenkenntnis läßt ihn zwischen den anderen oft so rührend hilflos, so kindlich erscheinen, er erklärt sein Schwanken und seine mißtrauische Zurückhaltung. Seine Spottreden gingen aus Augenblicksstimmungen, aus witzigen Einfällen hervor, nicht aus unumstößlichem Gefühl oder aus begründeter Einsicht; darum war er ebenso leicht zu gewinnen wie abzustoßen. Wußte sich einer ihm so anzupassen, daß er keinen Widerstand und keine Reibung spürte, so konnte er sich an ihn gewöhnen und über allerlei Mängel hinwegsehen.

Ramboldo von Collalto war, in Mantua geboren, ein Landsmann der Kaiserin Eleonore und ihr und des Kaisers Günstling. Offenbar war er ein Lebemann, dem die Formen der großen Welt nach italienischer Art geläufig waren, der gern gut aß und trank, der sich beliebt zu machen wußte, ohne es sich etwas kosten zu lassen, dabei klug und ein Menschenkenner. Man traute ihm zu, daß er durch seine Einsicht, seine Liebenswürdigkeit und seine eloquenzia furlanesca, wie der Kaiser sich ausdrückte, versöhnlich wirken könne, wo Wallenstein durch sein stolzes, oft heftig herausfahrendes Wesen abstieße, zum Beispiel bei den schwierigen Beziehungen zu Tilly. Der Glanz seines Namens trug zu seinem Ansehen bei: er leitete seinen Ursprung von den langobardischen Königen ab und wollte mit dem Hause Hohenzollern verwandt sein. Schon mit Bouquoy in Kompetenzstreitigkeiten verwickelt, hatte er Anspruch auf Wallensteins Stellung erhoben, der nicht von so hoher Geburt und dazu um vier Jahre jünger als er war. Sicherlich bequemte sich der Kaiser nur ungern der Meinung Harrachs und Eggenbergs, da Collalto ihm persönlich viel lieber war als der Herzog von Friedland; jener wurde durch den Orden des Goldenen Vlieses und das Amt des Hofkriegsratspräsidenten entschädigt, ohne daß er doch deshalb seinen vorwaltenden Wunsch, sich als Feldherr auszuzeichnen, aufgegeben hätte.

Collalto ließ Wallenstein gegenüber keine Empfindlichkeit merken, stellte sich vielmehr durchaus freundschaftlich und bat den Herzog zum Paten eines neugeborenen Sohnes. Als Collalto im Herbst 1625 Wallenstein ins Reich folgte, um als Feldmarschall unter ihm zu dienen, empfing ihn der Herzog mit argloser Freude: »Der Graf Collalto ist dahie«, schrieb er seinem Schwiegervater, »und assistirt mir in allem über die maßen wol; und gewiß, man hette mir niemanden schicken können, den ich lieber gesehen hätte, denn er überhebt mich vieler Mühe.«

Ebenso günstig urteilte er über den Grafen Schlick: »Haben Ihre Matt, ein guten Offizier, so ist es der Graf Schlick.«

Heinrich Schlick, Graf zu Passaun und Weißkirchen, ebenso alt wie Wallenstein, hatte sich als böhmischer Protestant beim Ausbruch der Revolution auf Seite der Aufständischen befunden und an der Schlacht am Weißen Berge teilgenommen. Nach dem unglücklichen Ausgange des pfälzischen Königtums führte er sein von den mährischen Ständen entlassenes Regiment dem kaiserlichen General Bouquoy zu, wurde katholisch und Erbe der Linie seiner Familie, die protestantisch geblieben und vertrieben war. Nach Art der Konvertiten betonte er den neuen Glauben stark und führte ihn mit Strenge auf seinen Gütern ein.

Der dritte der Offiziere, die Wallensteins Umgebung und Stütze bildeten, war Johann Aldringen, ein Wallone. Die Wallonen galten damals in Deutschland als Spanier und flößten Abneigung und Mißtrauen ein; Aldringen insbesondere wurde Espagnol italianisé genannt. Seiner Familie wird der Adel zugeschrieben; jedenfalls lebte sie in kleinen Verhältnissen und fühlte Aldringen sich der hohen österreichischen Aristokratie gegenüber als ein Untergeordneter. Er war durch Tüchtigkeit emporgekommen, klug, zielbewußt und von außerordentlicher Selbstbeherrschung. Er kenne der Leute humores, wisse sich zu moderieren, könne dissimulieren, schrieb ihm der Abt von Kremsmünster schmeichelnd. Um seine Laufbahn zu fördern, knüpfte er Verbindungen mit hochgestellten, einflußreichen Persönlichkeiten an, denen er gefällig zu sein suchte: der Kurfürst von Bayern, der Bischof von Wien, der Abt von Strahow, Caspar von Questenberg, waren seine Patrone. Er verschaffte diesem die Gebeine des heiligen Norbert aus Magdeburg, er versorgte Collalto mit Wein, Leckerbissen und Reliquien, andere bediente er mit Nachrichten über Wallensteins Kriegführung. Es scheint, daß er die Schwächen des Herzogs rasch durchschaute, und um so weniger gern wird er sich dem stolzen Manne untergeordnet haben; er selbst erzählt, er sei nicht immer gleich gekommen, wenn Wallenstein ihn gerufen habe. Sein innerliches Widerstreben ging so weit, daß er den General gestürzt und Collalto an seine Stelle gesetzt zu sehen wünschte, und diesem Zweck dienten auch die geheimen Berichte, die er nach Wien schickte. Collalto gegenüber schlug er den Ton eines liebenden Verehrers an; der Dienst unter ihm, Collalto, so schrieb er ihm, würde ihm ebenso süß sein, wie es ihm schwer würde sich in die jetzigen Verhältnisse zu finden.

Abgesehen von dem persönlichen Gegensatz, der in Wallensteins stolzer Kühle lag, mißbilligte Aldringen Wallensteins Art, den Krieg zu führen. Diese war teils in seinem Charakter, teils in dem der Zeit begründet. Es war im sechzehnten und siebzehnten Jahrhundert nicht nur üblich, sondern bewußter Grundsatz der Feldherren, den Krieg vorzugsweise und soweit möglich defensiv zu führen. Sie setzten das Heer, das einen Teil ihres Privatvermögens darstellte, ungern großen Verlusten aus, die schwer zu ersetzen waren. Eine gewonnene Schlacht war weniger ausschlaggebend für den Krieg als jetzt, weil sie weniger ausgenützt wurde, eine verlorene war verhängnisvoller für den Feldherrn. Die Geistes- und Gemütsverfassung der Menschen ging überhaupt nicht auf rasches, zweckmäßiges Erledigen einer Sache; sie fühlten sich dem Zufall preisgegeben, und auch berühmte Heerführer fürchteten sich vor der Schlacht, weil die Fortuna im Kriege den Ausschlag gäbe und weil man, entsprechend der Drehung ihres Rades, wenn man einmal Glück gehabt habe, gerade deshalb auf Unglück gefaßt sein müsse. Oft hatten sie nur eine oberflächliche Kenntnis des Landes, der Bodenverhältnisse, der Straßen, der Stellung der Feinde, ihrer Truppen waren sie nicht unbedingt sicher; nach einer großen Niederlage löste sich zuweilen das ganze Heer auf.

Wallensteins Schlachtenscheu indessen fiel selbst bei dieser herrschenden Anschauungsweise auf. Seiner überwiegend passiven Natur war der Angriff, das Drauflosgehen, das Erzwingen der Entscheidung ganz entgegen. Als Krieg mit dem Fürsten von Siebenbürgen, Bethlen Gabor, drohte, mahnte er immer wieder zu zeitigen Werbungen; denn man wisse doch, er komme daher wie ein Platzregen, schrieb er mit einem Gemisch von Bewunderung und Verachtung. Er selbst liebte es, sich so zu verschanzen, daß der Feind sich an ihm aufrieb, wie an einer Mauer zerschellte. Abgesehen davon, daß dies mit seiner innersten Natur übereinstimmte, setzte er dabei weniger aufs Spiel wie bei offener Schlacht. Eine Schlacht zu verlieren, hätte sein Stolz nicht ertragen; als ihm die Nachricht von Tillys Niederlage bei Breitenfeld gebracht wurde, sagte er, er würde das nicht überlebt haben. Auch das fürchtete er, daß eine Niederlage seinen Gegnern am Hofe das Übergewicht geben würde. Schon wenns ihm gut gehe, schrieb er einmal einem Vertrauten, habe er dort keinen Beistand; »was geschehe nicht, wenn etwas unglückseligs, wie's im Krieg zu geschehen pflegt, sollte erfolgen«. Innerlich so unsicher, unternahm er nichts, wenn die Umstände nicht so günstig oder die Vorkehrungen so ausreichend waren, daß ihm der Erfolg gewiß schien. Durch die Menge der Soldaten den Feind zu übersetzen, wie er es nannte, und geschützte Stellungen zu nehmen, war deshalb der Inhalt seiner Kriegsmethode.

Wallenstein hatte keine Ahnung, was für feindselige Gesinnungen sich in seiner nächsten Umgebung verbargen; daß er sie durch sein Benehmen verletze, kam ihm nicht in den Sinn, weil sein Selbstgefühl und seine verhältnismäßige Geringschätzung der anderen ohne seine Absicht und ohne sein Wissen zum Ausdruck kam. Im Januar 1626 kam es so weit, daß Collalto seinen Abschied verlangte und das Lager verließ, um selbst seine Sache in Wien zu betreiben; bis zum letzten Augenblicke hatte er den freundschaftlichen Verkehr mit dem General fortgesetzt, wodurch sein Abfall einen besonders gehässigen Anstrich erhielt und eigentlich zum Verrat wurde. Es ist verständlich, daß Wallenstein darüber entrüstet war. »Hat nun der Herr Graf«, so schrieb er seinem Schwiegervater, »können ein Monat darmit umbgehen und mir die besten Worte geben, so behüte mich Gott, ferner mit dem zu tractiren, welcher so dissimulato ist und nach langer Zeit also praecipitoso ausbricht ... denn wann ich etwa meinte, das er mein bester und vertraulichster Freund ist, so were er mein ergster Feind.«

Als unmittelbare Veranlassung zu der Entzweiung wurde unter anderem folgendes angegeben: Wallenstein habe der geschiedenen Herzogin von Braunschweig einen Freipaß für Kleidungsstücke ausgestellt und habe, da ein Untergebener Collaltos denselben nicht beachtet habe, den Schuldigen selbst zur Rechenschaft gezogen, anstatt ihn durch Collalto, seinen unmittelbaren Vorgesetzten, tadeln oder strafen zu lassen. Allerdings spielte die Beobachtung der gegenseitigen Rechte eine große Rolle; doch hätte ein derartiger Vorfall unmöglich zu einem so verhängnisvollen Bruche führen können, wenn nicht das Verhältnis bestanden hätte, daß Collalto nach höchstem militärischen Ansehen strebte, daß aber Wallenstein niemanden neben sich, geschweige denn über sich duldete. Auf Grund dieser Stimmung beobachtete Collalto das Tun und Lassen Wallensteins, das zu mancherlei Kritik Anlaß gab, und schilderte es dem Kaiser.

Schon jetzt wurde zweifellos zweierlei erwogen: Wallensteins gefährlicher Trieb nach höchsterreichbarer Macht und seine Unzulänglichkeit als Feldherr. Was dafür sprach, ihn dennoch in seinem Amte zu lassen, war die Unmöglichkeit, seine Geldforderungen zu befriedigen, die Furcht, was er etwa aus Rachsucht mit dem von ihm abhängigen Heer anstiften könnte, und die Schwierigkeit, ihn zu ersetzen. Dafür kam nicht Collalto in Betracht, sondern man dachte an den Erzherzog Leopold und an den Pfalzgrafen von Neuburg; aber der erste flößte als ehrgeiziger Bruder des Kaisers noch mehr Besorgnisse ein als Wallenstein, und von dem Pfalzgrafen, der sich als Landesherr in verwickelter Lage befand, zweifelte man, abgesehen von seinen Fähigkeiten, ob er das Amt auf sich nehmen würde.

Wallenstein war offenbar in Sorge, welchen Ausgang die Sache nehmen würde, denn er sandte um diese Zeit einen Kurier nach Wien, der die Geldforderungen, die er seiner Rechnung nach zu stellen hatte, dem Kaiser vorlegte. Über Collalto äußerte er sich fortwährend mit maßlosem Zorn, und der Gedanke, der Kaiser könne seinem Angreifer nach außen recht geben, indem er ihm ein anderes Regiment verliehe, das nicht unter seinem, Wallensteins, Oberbefehl stände, ließ ihn die Fassung verlieren.

Einige Monate nach Collaltos Abreise wurde Wallenstein durch seinen Schwiegervater von Aldringens heimlichen Korrespondenzen in Kenntnis gesetzt. In maßlosen Zorn ausbrechend, rief er sofort Aldringen vor sich und hielt ihm sein Vergehen vor. Dieser, der erschrak und nicht wußte, wie er sich ausreden sollte, sagte, die Anschuldigung zurückweisend: »Ich bin ein Soldat von Ehre«; worauf der Herzog, dessen Aufwallung sich schon gelegt hatte, erwiderte: »So verzeih er mir.«

So wenig wie Aldringen durch Wallensteins einlenkende Worte begütigt war, so wenig war dieser durch Aldringens trotzig verlegene Erklärung von seiner Schuldlosigkeit überzeugt; aber Aldringen war ihm unentbehrlich, und er mochte sich auch wohl scheuen, gerade diese Angelegenheit und alles, was damit zusammenhing, untersuchen zu lassen. Zweideutige Beziehungen waren ihm nicht so peinlich, daß er die dornige Angelegenheit angepackt und irgendwie geordnet hätte; lieber ging er darüber hinweg, überzeugt, wenn er vergäße, müsse der andere auch vergessen.

Äußerlich war die Sache damit abgetan: »Er hat recht daran,« schrieb Wallenstein seinem Schwiegervater bitter mit Bezug auf Aldringens verräterischen Briefwechsel, »denn er ist von der Federprofession; mir ist unmöglich, alle Bagatelle zu schreiben ... Der Kaiser delectirt sich wohl an solchen Avisen, dahero ich bis in die Seele disgustirt bin ...«

Auch der Zwist mit Collalto, der sich wie eine nicht wieder gutzumachende Katastrophe angelassen hatte, verlief im Sande. Nachdem der Kaiser Wallenstein im Sommer durch eine Erhöhung seines militärischen Ranges ausgezeichnet, Collaltos Anspruch auf ein anderes Regiment aber nicht berücksichtigt, also ihm, dem General, recht gegeben hatte, erklärte er sich befriedigt und sprach den Wunsch aus, sich mit Collalto zu versöhnen, aber so, daß es nicht von ihm, Wallenstein, auszugehen scheine, sondern daß er darum ersucht werde. »Dieweil der Kaiser«, schrieb er seinem Schwiegervater, »mir den Titel Oberst Feld Hauptmann hat geben, so wolle mein Herr mit mir tractiren, daß ich mirs nicht ließe zuwider sein, daß auch der Collalto accommodirt würde, doch daß er auch unter mir wäre tamquam membro separato del corpo mit Titel Feldmarschall, denn sonsten werde ich stets intrigi mit ihm haben.«

War nur seine Oberhoheit festgestellt, zeigte sich Wallenstein stets versöhnlich und freundlich, wenn auch mit einer unnachahmlichen Schattierung von Herablassung. Das Verhältnis zwischen ihm und Collalto nahm wieder ganz den früheren vertraulichen, ja herzlichen Charakter an. Zwar zählte man in Wien Collalto zu Wallensteins Gegnern; aber dieser selbst sah ihn eher für einen Gesinnungsgenossen an, was wohl für Collaltos gerühmte Klugheit spricht. Erst als Collalto ein Kommando im italienischen Kriege und damit die Möglichkeit erhielt, sich eine vom Herzog unabhängige Stellung zu verschaffen, sah man einen neuen Bruch voraus; aber bevor es so weit kam, wurde Wallenstein abgesetzt und starb Collalto im Sommer 1630.

Schlick verließ das Heer erst im Jahre 1629; aber er teilte innerlich schon lange Aldringens Gefühle. Eine Spannung mit dem General wurde dadurch veranlaßt, daß dieser ihm einen erbetenen Urlaub nicht gewährte, sodann daß Schlick einem Befehl Wallensteins, unverweilt mit seinen Truppen zu ihm zu stoßen, nicht gehorchte, sondern sich bei der Belagerung einer Burg aufhielt. Wie sehr Wallenstein dabei im Rechte war, ist selbstverständlich; aber das gab auch zu Schlicks feindseliger Stimmung nicht den Ausschlag. Er wolle für des Kaisers Dienst alles Erdenkliche tun und leiden, schrieb derselbe an Collalto, »außer daß ich nicht möge mit dem ordenario Titul und wie meines Herrn Vetters Regimentsschultheiß getractirt werden«.

Das Verdienst an dem entscheidenden Sieg über Mansfeld an der Dessauer Brücke, wo Wallenstein sich in uneinnehmbarer Stellung verschanzt hatte, schrieb Aldringen sich zu, und wohl nicht ganz mit Unrecht; er drängte zur Schlacht, die Wallenstein, wie immer, lieber vermieden hätte. Derselbe Konflikt erneute sich hernach, indem nach den herrschenden Kriegsregeln allgemein erwartet wurde, Wallenstein werde den Sieg durch Verfolgung des Feindes ausnützen, Wallenstein aber nicht verfolgen wollte. Jedesmal, wenn er dem Gegner eine Niederlage beigebracht hatte, fiel er in seine Passivität zurück; es ist, als habe, wenn der eine Pol seines Wesens gereizt gewesen sei, unmittelbar darauf der andere vorspringen müssen, bis das Gleichgewicht wieder hergestellt sei.

»Ich zweifel nicht,« schreibt er, »daß allerlei Discurs bei Hof wird abgeben, daß man die erlangte victori gegen dem Mansfelder nicht prosequirt, des Lands sich nicht bemächtigt oder sonsten andere progressi, die so nach erlangter victori sein können, thuet ...«

Als er endlich dem Drängen nachgab und Mansfeld nachrückte, kündigte er an, daß er ihn nur angreifen würde, wenn er ihn vor seiner Vereinigung mit Bethlen Gabor erreichte, oder, falls diese bereits erfolgt sei, nur wenn er selbst durch geworbene Polen und Ungarn verstärkt würde. Daß die gefürchtete Vereinigung zustande kam, hatte er selbst durch sein Zaudern verschuldet; andererseits stießen ihm die geforderten Hilfstruppen zu, so daß ein Angriff erwartet werden durfte. In solcher Lage schlug Wallenstein zuweilen einen prahlerischen, sonderbar kindlichen Ton an. »Ich verhoffe,« schrieb er beim Aufbruch seinem Schwiegervater, »triff ich den Weinmar und Mansfeld an, daß also wie bei der Dessauer Brücken abgehen wird; denn ich ziehe resolutamente hin, wo ich sie antriff und zum Schlagen kommen kann.« Und ähnlich an Collalto: »Ich muß mich izt gefaßt machen, mit dem Bethlehen, Mansfeld und Türken zugleich zu raufen, es graust mir aber vor ihnen allen nicht.«

Trotzdem er so sich und die anderen ermunterte und beruhigte, unternahm er nichts; je stürmischer der Führer der ungarischen Truppen zu einer Aktion drängte, desto hartnäckiger weigerte sich Wallenstein. Es wird erzählt, als ihm die Nachricht von Tillys Siege bei Lutter am Barenberge gebracht sei, habe er aus Wut ein Glas zerbrochen, das er eben in der Hand gehalten habe. Seinem Schwiegervater gegenüber äußerte er ein paar angemessene Worte der Freude über das glückliche Ereignis, wie er denn mit Bewußtsein niemals mißgünstige Gesinnung zum Ausdruck kommen ließ; trotzdem kann der Anekdote Wahrheit zugrunde liegen. Er wußte, daß der alte Tilly, weit unbedeutender als Intelligenz und als Persönlichkeit, ihm als Schlachtenlenker weit überlegen war, und gerade damals wird er das peinlich empfunden haben.

Wallensteins Untätigkeit gab den Anfeindungen am Hofe, die nach dem Siege bei der Dessauer Brücke verstummt waren, neue Nahrung; Zweifel an seinem guten Willen, vor allen Dingen aber an seinen Fähigkeiten wurden laut. Der venezianische Gesandte berichtete seiner Regierung folgendermaßen: »Weshalb Wallenstein den Mansfeld ungehindert ziehen ließ, da er es doch hindern konnte, weshalb er sich so spät in Bewegung gesetzt, weshalb er so langsam vorgerückt, weshalb er in Neiße haltgemacht und nicht kämpfen will, alles das sind Sachen des Nachdenkens wert, und in deren Geheimnis man nicht so leicht eindringen kann. Entweder unterhält er ein Einverständnis mit dem Feinde, oder hat er kühne Absichten gegen den Kaiser, oder will er den Mansfeld nicht vernichten – und dies hält man hier für sicher –, damit nicht etwa der Krieg zu Ende sei, während seine Interessen noch nicht befriedigt sind. Deshalb ist hier alles ungewiß und in Aufregung, die Räte sind in großer Unruhe und erwarten mit Angst Nachrichten von Montecucculi über die Entschließungen Wallensteins. Der Graf hat den Auftrag, nicht früher von ihm zu reisen, als bis er dem Feinde eine Schlacht geliefert.«

Aus dem Lager zurückkehrend, erkärte Montecucculi, bei Wallenstein sei die Irresolution und bei den Soldaten die Konfusion so groß, daß von der Armada keine Hilfe möglich wäre, wenn nicht eine Änderung mit dem Capo vorgenommen würde.

Der Nuntius Caraffa schrieb nach Rom, man halte Wallenstein insgemein nicht für fähig, eine solche Kriegsmaschine zu lenken, und da er selbst dieselbe Meinung von sich habe, wolle er, damit ihm kein Unglück widerfahre, nur angreifen, wenn seine Truppen nach Millionen zählten. Ähnlich äußerte sich ein anderer italienischer Diplomat, er wolle seinen Kopf verwetten, wenn Friedland mit 100 000 Mann gegen 10 000 Mann unter Mansfeld und Bethlen Gabor stünde, würde er sie nicht angreifen, sondern sich defensiv halten. Der spanische Gesandte drückte dasselbe so aus: Wenn schon das salus rei publicae davon abhinge, daß Wallenstein nur bloß das Haus, in dem er, der Gesandte, wohne, mit Gewalt einnähme, so würde er es doch nicht tun, wenn er nicht vom Feinde selbst dazu gezwungen würde.

Esterhazy, der ungarische Palatin, nannte mit gröberer Psychologie Wallenstein kurzweg einen Faulenzer und Rebellen.

Wallenstein setzte allen Vorwürfen und Zweifeln verachtungsvolle Gleichgültigkeit entgegen und zog sich hinter die längst geäußerte Absicht seines Rücktritts zurück.

Im Juli des Jahres 1625 war Wallenstein förmlich zum General ernannt worden, und schon im Februar des folgenden Jahres, nach dem Bruch mit Collalto, erklärte er, wenn der Feldzug zu Ende sei, zurücktreten zu wollen; wenn man ihn schon eher entlassen wolle, so geschehe ihm damit desto größere Gnade. Zwei Ursachen habe er, schrieb er seinem Schwiegervater, um nicht länger im Dienst zu bleiben: seine Indisposition, infolge welcher er mehr liege als gehe, und Disgust. »Denn ich sehe, daß man bei Hof vermeint, daß ich diesen Krieg sollte führen und die Vorlag draufthun. Nun hab ich meines Erachtens mehr als zu viel gethan, indem ich diese Armee auf den Fuß gebracht, post genommen und täglich sterken thue, mich auch um etlich 100 000 Gulden in Schulden gesteckt.«

Es ist kaum anzunehmen, daß Wallenstein und der Kaiser sich in der so wichtigen Geldfrage wirklich falsch verstanden hätten. In ganz ähnlicher Weise gerieten ihre entgegengesetzten Interessen nach der Schlacht am Weißen Berge aneinander. Damals versprach Wallenstein, zwölf

Reiterkompagnien auf seine Kosten für Ferdinands Dienst zu unterhalten, zum Entgelt dafür, daß er die Einnahmen von Gütern genossen hatte, die für den königlichen Fiskus eingezogen waren. Sein Versprechen wurde so aufgefaßt, als sei es auf die Dauer eines Jahres gemeint, er hingegen behauptete nachträglich, es sei von einem kürzeren Zeitraum die Rede gewesen. Vielleicht hatten beide Teile eine nicht ganz scharfe Fassung des Anspruchs und der Verpflichtung vorgezogen, damit jeder das ihm Bequeme annehmen konnte; jedenfalls behauptete Wallenstein jetzt, daß er seiner übernommenen Verpflichtung von dem Augenblick an ledig sei, wo er die Armee errichtet und ins Feld geführt habe. Noch weitergehend sprach er bei mehreren Gelegenheiten geradezu aus, weil er das Heer aus Eigenem geworben habe und fortwährend unterhalte, sei das Heer sein und könne er damit machen, was er wolle.

Abgesehen von der Unhaltbarkeit dieses Standpunkts ist es wahrscheinlich, wenn es sich auch nicht feststellen läßt, daß am Ende der Kaiser Wallenstein nichts mehr schuldete, daß es sich eher umgekehrt verhielt. Dafür spricht sowohl sein ungeheuer angewachsener Reichtum wie sein Charakter; denn er war ein sehr guter Rechner, gab nichts umsonst aus, trieb jede Schuld ein und war geneigt, was er für andere leistete, weit höher zu veranschlagen, als was andere für ihn taten.

Als Wallenstein im Frühling zuerst von seiner Absicht, zurückzutreten, sprach, regte sich unter seinen Gegnern die Hoffnung, daß ihr Wunsch dadurch in einfachster Weise erfüllt würde. Der kluge Aldringen jedoch durchschaute ihn besser: »An die immer angekündigte Abdankung«, schrieb er, »habe ich nie geglaubt, glaube auch nicht an sie, solange ich sie nicht sehe.« Wallenstein indessen schien fest entschlossen zu sein: im November antwortete er auf das Zureden seines Schwiegervaters, daß er das Generalat nicht niederlegen möge, es sei ihm unmöglich, seine Proposition zu mutieren.

So blieb denn dem Kaiser, der sich zur Entlassung seines Generals nicht entschließen konnte, nichts anderes übrig, als eine Verständigung mit ihm zu suchen. Eggenberg und Harrach, als Wallensteins beste Freunde und diejenigen, denen man den größten Einfluß auf ihn zutraute, wurden abgesandt, um einerseits zu vernehmen, wie er sein Verhalten während des Feldzuges begründete, in welchem Sinne er den Krieg künftig zu führen gedenke, sodann, um ihn im Dienste festzuhalten, wenn nötig unter Erweiterung seiner Befugnisse.

Die Zusammenkunft und Unterredung fand am 25. November zu Bruck an der Leitha statt. Nach dem allerdings nicht amtlichen Bericht, der darüber vorliegt, setzte Wallenstein seine Ansichten bei dieser Gelegenheit folgendermaßen auseinander: Die Lage des Kaisers, sagte er, sei so schlecht wie möglich; fast alle Fürsten Europas wären gegen ihn, die übrigen ihrerseits in Kriege verwickelt, so daß sie ihm nicht beistehen könnten. Schweden und Frankreich würden bei nächster Gelegenheit in das Reich einfallen. So vielen Feinden gegenüber fehle es dem Kaiser am Nötigsten, am Gelde. Demzufolge könne der Zweck der Kriegführung nur sein: erstens die Erblande so zu verteidigen, daß sie nicht Kriegsschauplatz würden, zweitens das Reich zum Frieden und dazu zu zwingen, daß es das kaiserliche Heer zahle. Das Heer, die einzige Waffe und Macht des Kaisers, dürfe keiner Niederlage ausgesetzt werden und dürfe sich nicht, außer im höchsten Notfalle, in Belagerungen verzehren; auch nicht in entlegene Länder, wie Ungarn und Türkei, dürfe es sich locken lassen, überhaupt in keine Offensivkriege verwickelt werden. Hiermit spielte Wallenstein auf den sogenannten Mantuanischen Krieg an, den der Kaiser betrieb, den der Herzog aber für einen schweren Fehler ansah.

Der Scharfblick und unerbittliche Verstand Wallensteins kam in seiner Beurteilung der Lage glänzend zur Geltung; er irrte sich selten in seiner Voraussage des Kommenden, und er ließ sich nicht leicht durch Wünsche täuschen, eher stimmte ihn sein Hang, das Schlimmste zu glauben, zu übergroßer Vorsicht. Sein Hauptgedanke, das Reich zum Frieden zu zwingen, um den äußeren Feinden, die er zunächst, wenn irgend möglich, auf diplomatischem Wege zu gewinnen oder abzulenken sich bemühte, als geschlossene Macht gegenübertreten zu können, war überzeugend vernünftig. Eher ließe sich bezweifeln, ob sein Aussaugungssystem das beste Mittel sei, das Reich zu unterwerfen. Die Methode, sich mit der kaiserlichen Armee in den Körper des Reichs zu ergießen, sich dort einzunisten und durch die bloße überwältigende Anwesenheit zu wirken, entsprach sicher Wallensteins Natur. Er wollte, womöglich auf dem Wege der Güte, in die festen Plätze kaiserliche Besatzungen einlagern, das flache Land zum Lager nehmen und nicht weichen, bis man sich bequemte. Scheinbar war das das gelindere Mittel, in Wirklichkeit aber schon durch die lange Dauer, die es voraussetzte, weit erschöpfender und weit erbitternder als ein paar große Schlachten gewesen wären. Es hatte viel für sich, die Fiktion aufrechtzuerhalten, als handle es sich nur um Mißhelligkeiten zwischen Haupt und Gliedern, zwischen einem gerechten Vater und abtrünnigen Kindern; aber es fragte sich, ob die Aufschrift noch so viel Glauben fand, daß darunter Wirkungen zu erzielen waren. Der Charakter der Zeit und Wallensteins persönlicher Charakter vereinigten sich, um ihm Schleichwege, Überlistung, Aushungern, Überdauern als die beste Kriegführung erscheinen zu lassen, wie er selbst es ausdrückte, den Krieg mehr durch Praktiken als aperto Marte zu führen.

Was dieser Plan für den Kaiser Überzeugendes hatte, war vermutlich, daß die Kosten des Krieges dem Reich aufgebürdet werden sollten, wodurch die lästige Geldfrage für ihn gelöst wurde. Er durfte ferner seinen General, nach dessen Auseinandersetzungen, als gereinigt von der Anklage des bösen Willens sowohl wie der Unfähigkeit betrachten und war der Schwierigkeit überhoben, seine Entlassung ins Werk zu setzen und für einen Ersatz zu sorgen. Mehr als dem Kaiser selbst wird Eggenberg und Harrach der planmäßige Gedanke einer Verstärkung der kaiserlichen Macht imponiert haben.

War nun dieser Gedanke Wallenstein durch die Not des Augenblicks eingegeben? Oder schwebte ihm wirklich schon bei seinem ersten Auftreten diese zeitgemäße, große Idee vor?

Als sachliche Überzeugung hätte der Gedanke einer Verstärkung des monarchischen Elements im Reich kaum eine bedeutende Rolle bei Wallenstein gespielt; aber sie wurde zur Richtschnur dadurch, daß er seinem Drang nach höchster Macht gemäß und als Herr des kaiserlichen Heeres sich mit dem Kaiser identifizierte, so daß seine und des Kaisers Interessen zusammenfielen. In den Augenblicken des Erfolges und Glückes fühlte er sich und handelte er als Kaiser; bei irgendwelchem Widerstande mußte ihm das wirkliche Verhältnis in der Frage zum Bewußtsein kommen, warum er eigentlich arbeite, sich quäle und sich dem allgemeinen Haß aussetze um eines undankbaren Herrn willen? Damals, im Spätherbst 1626, drängten ihn alle Umstände dazu, sich zu dem, was ein dunkler Trieb in ihm war, als Idee und Grundsatz zu bekennen; dadurch erklärten sich vermeintliche Unfähigkeit und vermeintliche Untreue als Vertretung der kaiserlichen Interessen, und der Verdächtige wurde zum Retter der gesunkenen Kaisermacht.

Der Verlauf dieser Angelegenheiten scheint denjenigen Feinden Wallensteins recht zu geben, die seine Rücktrittsdrohungen nicht ernst nahmen, sondern glaubten, er wolle sich damit nur wichtig machen und Aufsehen erregen, oder etwaigen Anklagen vorbeugen, oder, und das war wohl die allgemeinste Annahme, er wolle, sich für unentbehrlich haltend, Zugeständnisse damit erzwingen. Obwohl von allem sicher etwas mit unterlief, so stimmt es doch nicht ganz: in Augenblicken gereizter Empfindlichkeit war es ihm wirklich das nächstliegende, den Beleidigern den ganzen Kram vor die Füße zu werfen; sie sollten dann sehen, wie sie ohne ihn auskämen. Sodann verließ ihn das Gefühl der Unsicherheit nur selten, und die Sorge um den Ausgang machte ihm das, was er auf sich genommen hatte, oft zur drückenden Bürde.

Nach der Unterredung von Bruck saß Wallenstein erst eigentlich fest im Sattel; dem Sturz schon nahe, hatte er einen vollkommenen Sieg davongetragen. Es ist nicht bekannt, was er als Preis für sein Bleiben forderte und was ihm bewilligt wurde; nur das weiß man, daß er mehr Einfluß auf die Ernennung der Obersten bekam, daß er das Kommando auch über die Truppen in den Erblanden erhielt und daß seine Autorität noch in anderen Dingen erweitert wurde. Ein starker Aufschwung in seinem Auftreten von nun an zeigt, wie ganz anders als vorher er sich gestützt und gefördert fühlte, wozu noch kam, daß ihm als Abschlag auf die von ihm geleisteten Ausgaben das Herzogtum Sagan in Schlesien verliehen wurde. Es bezeichnet das Maß seines überschwenglichen Hochgefühls, daß er sich im Mai des folgenden Jahres vom Kaiser das Recht erteilen ließ, wenn einer seines Stammes sich des Hochverrats schuldig machen sollte, so solle er doch in seinem fürstlichen Stande nicht gemindert werden. Er hatte damals Hoffnung auf einen Erben; aber der Sohn, der ihm geboren wurde, starb bald.

Etwas Bitteres wurde dem Sieger doch nicht erspart: man verlangte während der winterlichen Kriegsruhe seinen Besuch in Wien. Wallenstein machte kein Hehl daraus, daß ihm die Anwesenheit am Hofe eine Qual war; man verursache ihm dort den Schiefer, sagte er, und er wolle doch die freie Zeit benützen, um sich zu erholen. Solange wie möglich schützte er Podograanfälle vor, die er in Wirklichkeit oft hatte, die sich vielleicht auch infolge des seelischen Widerstandes gegen die Reise einstellten. Man könnte sich einen Mann vorstellen, dem es Vergnügen gemacht hätte, seinen Triumph und seine Macht vor seinen Gegnern zu entfalten; dazu fehlte ihm die Unbefangenheit und das Kraftgefühl. Er ärgerte und blendete sie wohl durch seinen unerhörten Aufwand; aber die Genugtuung wog ihm die Pein nicht auf, ihnen offen gegenübertreten zu müssen. Am allerschwersten wird es ihm geworden sein, dem Kaiser gegenüber, den er geringschätzte, der ihn nicht liebte, dessen Nebenbuhler er im Grunde war, die Rolle des ergebenen und dankbaren Dieners spielen zu müssen.

In den nun folgenden Jahren trat Wallenstein mit der größten Freiheit und Offenheit auf, die ihm nach seinem Charakter und seiner Lage zu Gebote standen, denn er hatte nicht nur die Macht, sondern, was für ihn wesentlich war, die auf das allgemein anerkannte Recht gegründete Macht. Er vertrat den Kaiser und konnte auf diesen Titel hin sich ausbreiten, bis er mit dem Kaiser selbst zusammenstieß.

Mit ungewöhnlicher Entschiedenheit faßte er das Ziel ins Auge, den entfremdeten Norden des Reiches wieder an den Mittelpunkt zu binden. Daß das zugleich einen Kampf um die Beherrschung der Nord- und Ostsee bedeutete, sah er klar, ebenso daß dabei sein gefährlichster Gegner der König von Schweden sein würde. Er verfolgte zunächst die Politik, Schweden durch Polen zu beschäftigen und inzwischen eine Stellung an der Küste zu schaffen, einmal durch Landerwerb, dann durch Verständigung mit den Hansestädten.

Von dem eigentümlichen Plan, die deutsche Hanse zu einem Handelsbündnis mit Spanien zu veranlassen, der an der mißtrauischen Abneigung der protestantischen Republiken gegen die katholische Monarchie scheitern mußte, wird sich Wallenstein kaum sehr viel versprochen haben; er rechnete mehr auf den Erfolg seiner militärdiplomatischen Künste.

Sich mächtig zur See zu machen, war der Kern seiner Träume. Er äußerte mehr von seinen phantastisch ungeheuren Plänen, als er sonst zu tun pflegte: er wollte eine Flotte gründen, wozu Spanien ihm die Schiffe liefern sollte; er wollte mit 100 000 Talern und einigen mehr die Nordsee mit der Ostsee durch einen Kanal verbinden, er dachte an einen Bund zwischen Schweden, Holland und Spanien, er zeigte sich versöhnlich gegen Bayern, weil der Kaiser im Bunde mit Bayern nicht nur Deutschland, sondern Europa würde beherrschen können.

Indessen auch in seinen kriegerischen Unternehmungen war er rascher als sonst: er besetzte Schlesien und einen Teil von Brandenburg, er verfolgte den König von Dänemark bis ans Meer, wobei allerdings Tilly die wichtigste Vorarbeit geleistet hatte.

Nun tauchte der Plan auf, der ihn unmittelbar in Mitleidenschaft zog und daher mit stärkster Tatkraft erfüllte, nämlich Mecklenburg an sich zu reißen, wozu die Verbindung der Herzöge mit dem König von Dänemark Anlaß geben mußte.

Seinen staatsmännischen Grundsätzen entsprach es im Grunde nicht, den Kaiser im Reich auf Kosten der angestammten Fürsten groß zu machen; wenigstens stimmte er im Jahre 1626, als der Herzog von Braunschweig sein Land verwirkt haben sollte, dafür, daß der Kaiser es nicht für sich behielte, sondern dem Herzog von Lüneburg gebe. Wer dem Kaiser anders riete, schrieb er, riete zu seiner Präzipitation, zum ewigen Krieg, zu Verlust des Kredits, zu einem Generalaufstand im Reich. Erhielt nun Wallenstein ein Fürstentum, so war es doch damals nicht viel anders, als ziehe der Kaiser es für sich ein, und jedenfalls war es ein Eingriff in die Fürstenrechte, der in der Tat den größten Anstoß erregte und verhängnisvolle Folgen hatte. Indessen Wallenstein hatte eben keine Grundsätze; er war jetzt voll Kraftgefühl und von einem Gedanken besessen, der seine eigene Macht und zugleich die des Kaisers, wenigstens augenblicklich, erhöhte, dem er sich also rückhaltlos hingeben konnte.

Er begehre nichts mehr von des Kaisers Ländern, schrieb er am 29. Oktober 1627 an den Obersten Sant Julian, »denn ich sehe, großer stück seindt schwer zu bekommen undt unsicher zu halten, proponir nochmals Meckelburg ... will mir der Kayser das Landt ganz undt gar verkaufen, desto lieber wirdts mir sein; wo aber nicht ganz undt gar, so vermeine ich des elteren theil undt ein stück von des jüngeren, denn er ist auch umb ein stück besser als der elter gewest.«

So sehr hatte sich der Herzog aber doch nicht verändert, daß er kühn und offen vorgegangen wäre. »Der Herr muß aber sehen,« fährt er fort, »daß diese tractation nicht weiter geht als zwischen dem Fürsten von Eggenberg, Herren Werda und dem herrn allein, das der Fürst derweil praeparatoria macht, auf das bey meine ankunft die räthe selbst dies proponiren; als dann will ich mich im anfang ein wenig spreizen undt auf die letzt acceptieren. mit Sagan halte der Herr der Zeitt zurück, denn eins ist besser als das ander.«

Sich bitten lassen, sich spreizen und endlich ja sagen, wie wenn er das, worauf er es absah, nur aus Gnade annähme, das war die Lage, in der sich Wallenstein wohl fühlte, die ihm eine Art Lust bereitete. Es ist nicht das Verfahren eines einfachen, kraftvollen Menschen, sondern das eines überlegten, das Erlebnis in die Phantasie verlegenden, dem es weniger auf den Besitz einer Sache ankommt als auf das damit verbundene Machtgefühl, und der dies deshalb künstlich zu erzeugen oder zu verlängern sucht. Es versteht sich von selbst, daß die Verteilung der Rollen bei der Übertragung Mecklenburgs auf seine Person auch den praktischen Zweck hatte, daß seine Gegner ihn nicht der Habgier verdächtigten; freilich waren sie klug genug, um die Absicht zu durchschauen.

Mit welcher Zähigkeit Wallenstein einen einmal gefaßten Gedanken verfolgte, wenn er ihm nur wirklich persönlich wichtig war, zeigt gerade das Beispiel Mecklenburgs. Er ließ dies nun nicht mehr aus den Augen, und alle seine Handlungen waren durch den Wunsch, sich Mecklenburgs zu bemächtigen, beeinflußt.

»Die Fürsten muß man fortschicken,« schrieb er am 9. Februar 1628 aus Prag an Sant Julian, »denn zween Hanen auf einem müst taugen nicht zusammen.« Sie müßten aus dem Lande » per amor o per forza« schrieb er Ende Februar aus Gitschin an denselben, und im Juni sah er von der Güte schon ab: »Die Herzog sehe der herr ohne einige replica alsbalden aus dem lande schaffen per forza, denn ich will sie durchaus nicht drinnen leiden.«

Mit der Ausführung seiner norddeutschen Pläne betraute Wallenstein jetzt hauptsächlich den Brandenburger Arnim; er hatte ihm das Regiment jenes Wratislav mit der langen Nase gegeben, der ihm schon lange ein Dorn im Auge gewesen war. Johann Georg von Arnim-Boyzenburg, 1581 geboren, also zwei Jahre älter als Wallenstein, stand bei diesem in höherem Ansehen als irgendein anderer seiner Offiziere und erregt schon dadurch Interesse. Er begann seine Laufbahn im Dienste Gustav Adolfs, mit dem er nach Rußland zog und für den er später als Brautwerber am brandenburgischen Hofe auftrat. Er wurde auf seinen Wunsch von dem Könige unter Ausdrücken größter Anerkennung entlassen und blieb in guten Beziehungen mit ihm. Warum er den Dienst aufgab, ist nicht bekannt; da er sehr empfindlich war, fand er sich vielleicht nicht genug geehrt, oder es hatte sich die nationale Verschiedenheit irgendwie bemerkbar gemacht. Nachdem er vorübergehend dem König von Polen, also dem Erbfeind Schwedens gedient hatte, zog er sich 1622 auf seine Güter zurück, um erst wieder im Jahre 1627 als Untergebener Wallensteins hervorzutreten. Insofern unterschied er sich von seinen Standesgenossen nicht, als er, obwohl überzeugter und eifriger Lutheraner, auch auf katholischer Seite die Glaubensgenossen bekämpfte; der Militärdienst war ihm in erster Linie ein Geschäft, womit er möglichst viel Geld und Titel erwerben wollte. Obwohl er jedoch habgierig und auf äußere Ehren erpicht war wie alle anderen, suchte er doch eine allgemeine Anschauung von dem Zustande seiner Zeit sich zu bilden und eine von den persönlichen Interessen unabhängige Stellung dazu zu nehmen.

Es ist nicht leicht, sich ein klares Bild von Arnim zu machen, und darin ist er Wallenstein verwandt. Wie dem Herzog mißtrauten ihm alle Parteien, weil er mit allen anknüpfte, ohne einer einzigen mit Entschiedenheit anzugehören.

Der treuherzige Thurn äußerte sich mehrere Jahre nach Wallensteins Tode einmal folgendermaßen über ihn: »Hab viel Menschen mein Tag erkhent, aber des Arnhambs gelaichen nit. Er khan sich alß ein khindt des lichts stöllen, andechtig in der Kirchen, ein liebhaber des wortts Gottes, freygebig gegen unsere geistlichen, dadurch er lob und rhum erlangt; imb reden und

verstandt ist er, wie auch imb schreiben vortreflich, was zu sparen und geben, unerforschlich
in seinen werkhen, das der hochwirdigste khönig der weldt A. Gustavus bekhent hat, das er
unergrindtlich. Weil er es aber übel und unhailsam, dem gemainen wesen zem argen anstölt,
so glaub ich, das er mit dem teufel in die schuel gangen.«

Das ließe sich alles ungefähr so auch von Wallenstein sagen. Er war, wie Wallenstein, nicht
naiv und nicht beschränkt genug, um die Fehler derjenigen, mit denen ihn Geburt oder Zufall
oder Interessen verbanden, zu übersehen. Er folgte, wie Wallenstein, weniger ungebrochenen
Instinkten als der Einsicht und ging deshalb behutsam, zögernd vor. Sein Verstand und sein
Temperament wiesen ihm eine Stellung zwischen den Parteien an; darüber zu stehen, war er
nicht bedeutend genug. Wallensteins Größe hatte er nicht; er strebte nicht wie dieser nach
Land, weil ein Herrscher ein Reich haben muß, sondern er war schlechtweg habgierig. Arnim
suchte und wollte nicht sich selbst, sondern etwas außer ihm Liegendes, Erreichbares, und in die
Verwickelungen seines Schicksals war seine Seele nicht mit verschlungen. Er war undeutlich,
nicht dunkel; wenn er, als Staatsmann Wallensteins Nachfolger, den Zusammenbruch seiner
Pläne erlebt hätte, so wären nicht phantastische Traumgebäude mit eingestürzt.

Vielleicht wirkte gerade das Nüchterne und Enge in der Natur des Brandenburger Adligen
wohltuend auf Wallenstein, als wäre es die ihm fehlende Sicherheit und Festigkeit; er gab große
Stücke auf Arnims Urteil und war in manchen Meinungen augenscheinlich durch ihn beeinflußt.

In seinen Briefen an Arnim kommen häufig Wendungen vor wie: »hatt der herr sonsten
in deme etwan andere bedenken, bitt er communicir mir, ich will gern von meiner meinung
abstehen«; oder: »darum remitir ichs ganz und gar dem herrn« oder: »bitt derowegen der herr
disponir darmitt wie ers am besten vermeint, denn ich stelle ihms ganz und gar heimb, wie ers
machen wirdt, also will ichs bleiben lassen.« Nun hatte Wallenstein allerdings eine urbane Art,
das Gehorchenmüssen durch Höflichkeit zu verschleiern, ohne die Autorität preiszugeben; es
war ihm überhaupt freundschaftliche Hingebung Bedürfnis, soweit diese zu nichts verpflichtete
und nicht von ihm gefordert werden konnte, und schließlich gab er in Nebendingen gern nach,
wenn man ihn in der Hauptsache gut bediente; aber Arnim scheint ihm wirklich imponiert,
Wallenstein scheint auch über seine Bequemlichkeit hinaus Rücksicht auf ihn genommen zu
haben.

Ein äußerer Umstand auch machte Arnim für Wallenstein wichtig: daß er unter Gustav Adolf
gedient hatte, in dem der Herzog den gefährlichsten Feind des Kaisers und Nebenbuhler seiner
selbst erkannt hatte. Es war nicht schwer einzusehen, daß seine Interessen und zugleich sein
Unternehmungsgeist den König zum Eingreifen in den Krieg treiben würden; er war schon
damals nicht weit davon, als der eifersüchtige König von Dänemark ihn verdrängte. Von diesem,
dem zwar Tilly die entscheidende Niederlage beigebracht hatte, sprach Wallenstein stets mit
Nichtachtung: »Der Künig helt sich noch alles in den inseln, daher denn ich ihm noch nicht
kan zukommen; er sauft sich alle Tage voll; verhoffe zu Gott, daß er einmal im Rausch etwas
wagen wird, kriecht er heraus aus den wasserigen örtern, so ist er gewiß unser.«

Den König von Schweden dagegen fürchtete er, und zwar ohne jene Beimischung von Geringschätzung und Widerwillen, mit der er den Kurfürsten von Bayern fürchtete: Gustav Adolf
achtete er zugleich. Sicherlich begriff er, daß der junge König ihn als Schlachtenlenker und Sol-
datenführer übertraf, sowohl dadurch, daß er nur von sich selbst abhing, wie durch die Natur
seiner Begabung; aber nicht nur dieser Vorzug beunruhigte ihn. Die starke Atmosphäre jenes
noch gebundenen, kriegerischen, melodischen, von seiner eigenen Fülle berauschten und berau-
schenden Menschen mußte sich ihm spürbar machen und störte sein leicht zu erschütterndes
Gleichgewicht. Er ahnte eine Kraft, die ihm als solche überlegen war, die er nur überwinden
konnte, indem er ihn umgarnte, wie man einen Löwen in Gruben und Netzen fängt.

Das Nächstliegende war, den Gegner durch Diversionen, wie man es damals nannte, unschädlich zu machen; zu diesem Zwecke mußte der König von Polen unterstützt und instand gesetzt
werden, den Krieg so lange wie möglich weiterzuführen. Später konnte etwa noch die erbliche
Gegnerschaft Dänemarks ausgenützt werden. Wie jedoch Wallenstein stets auf das Schlimmere

zu rechnen pflegte, bereitete er sich auch jetzt auf den gefürchteten Angriff vor. Er dachte an ein Bündnis mit dem Könige, sei es auch nur, um ihn hinzuhalten oder desto besser überlisten zu können, und forschte Arnim aus, was davon zu hoffen sei. Der König pflege ja wohl die Leute an der Nase herumzuziehen, schrieb er, von sich selber schließend, an seinen Feldmarschall; so, je nachdem Mißtrauen oder Furcht überwog, neigte er zu friedfertigen oder feindseligen Schritten.

Den ganzen Winter 1627 auf 1628 beschäftigte ihn der Wunsch, die schwedische Flotte zu zerstören. Mit der leidenschaftlichen Hartnäckigkeit, die ihm eigentümlich war, wenn sein Gemüt von irgendeinem Gedanken besessen war, der aber auch, scheinbar unvermittelt, spurlos verschwinden konnte, drängte er Arnim zu einem Angriff. »Was die Schwedische schief anbelangt, bitt der Herr wolle kein Zeit verliehren, sondern dieselbige fort abbrennen lassen,« schrieb er ihm am 2. November. »Die schief aber wo sie seindt müssen ins feuer gesetzt werden«, am zweiundzwanzigsten; aber schon am folgenden Tage: »Wegen Verbrennung der schief stehe ich sehr an … ich remitirs dem herrn, er köndt den Schweden, darum thue er, was er vermeindt, das am besten ist.« Am vierundzwanzigsten dagegen kommt er auf seinen Willen zurück: »Was die Schwedische tractation anbelangt, der herr sehe, das sie incaminirt wird … die schief aber müssen ein weg als den andern in rauch aufgehn.« Seitdem heißt es alle paar Tage: »Der herr sehe, wie wir ihre schief werden in rauch aufgehen lassen.«

Dazwischen schlägt er den prahlerischen Ton an: »Denn vor dem Schweden kraust mir gar nicht«, ähnlich wie ein furchtsames Kind laut pfeift oder singt, um sich einzubilden, es habe Mut. Mit Hilfe von Arnims Angaben stellte er des Königs Horoskop, um das Glück oder Unglück des Gefürchteten vorauszuwissen; es ist anzunehmen, daß das Ergebnis nicht geeignet war, ihn zu beruhigen.

Der erste wenn auch nur mittelbare Zusammenstoß Wallensteins mit Gustav Adolf knüpft sich an den Kampf um Stralsund. Dieser als Hafen für des Herzogs Pläne wichtigen Stadt gegenüber verfuhr er gemäß seinem System, die zweideutigen Plätze womöglich auf gütlichem Wege an sich zu ziehen, indem er sie vermochte, kaiserliche Besatzung anzunehmen. Obwohl er auf den Besitz von Stralsund großen Wert legte, war er doch weit entfernt, als blutgieriger, unbeugsamer Eroberer gegen sie vorzugehen, sondern zeigte sich nachgiebig und vermied das Äußerste. Solange er hoffen konnte, durch Arnim in seiner Abwesenheit die Stadt überlisten oder überrumpeln zu können, trieb er ihn dazu an; selbst an Ort und Stelle, gab er den sich lang hinziehenden Kampf bald auf und begnügte sich mit einem leidlich ehrenvollen Abzuge. Ähnlich verlief auch sein Angriff auf die höchst wichtige Festung Magdeburg im Sande.

In bezug auf die Anklagen, die deswegen gegen ihn erhoben wurden, schrieb er am 12. Oktober 1629 an den Oberst Sant Julian: »Das ich weich, wenn ich etwas angreife, wie es mitt Stralsundt und Magdeburg geschehen ist, da dann gar also wehr, so wehr es nicht bös, den non est inconstantia sed prudentia mutare consilium in melius.« Vor Stralsund, fährt er fort, sei er nicht gewichen, sondern habe einen reputierlichen Akkord gemacht, mit Magdeburg habe er präkavieren wollen, daß die Hansestädte nicht in die äußerste Desperation gerieten; Gründe, mit denen er offenbar vor sich selber seine Schwäche bemänteln wollte.

Was, abgesehen von den in seinem Charakter liegenden Gründen, das Interesse an Stralsund bei Wallenstein verdrängte, war die überwiegende Ungeduld, sich Mecklenburgs zu bemächtigen. Am 17. Juli 1628 zog er in Güstrow ein und residierte dort ein Jahr lang, hier ganz der Herrscher, der Diktator, der zielbewußte Mann, als welcher er in der Vorstellung der meisten Menschen lebt.

Als das Grundübel der öffentlichen Verhältnisse Mecklenburgs sah der Herzog die Vorrechte des Adels an, durch welche derselbe sich der öffentlichen Gerichtsbarkeit entziehen konnte. Auch die alten Herzöge hatten das erkannt und sich vom Kaiser ein Privileg zu verschaffen gewußt, wonach der Adel wenigstens in gewissen Fällen nicht an den Kaiser appellieren durfte; da aber jeweils bestritten werden konnte, ob ein solcher Fall wirklich vorlag, bestand doch die Möglichkeit, das Privileg zu umgehen, und es wurde ziemlich bedeutungslos. Schon am 1. April von Prag aus schrieb Wallenstein an Arnim, er sähe gern, wenn es bei der Huldigung in Mecklenburg Diffikultäten gäbe: »denn dardurch verliehreten sie alle ihre privilegia«. Da es auf diesem Wege nicht ging, suchte er sich durch Eggenbergs Vermittelung das sogenannte Privilegium de plane non appellando zu verschaffen, das ihm der Kaiser auch verlieh. Erst dadurch erhielt die Trennung der Verwaltung von der Justiz, die Wallenstein durchgeführt hatte, ihre volle Wirksamkeit.

Das Beispiel eines Kabinettsbefehls über die Versorgung der Armen in Mecklenburg möge zeigen, wie rücksichtslos Wallenstein bei der Organisation seines Landes durchgriff. Jedes Kirchspiel, verordnete er, solle seine Armen selbst unterhalten, und es sollten darunter auch die Fremden verstanden sein, die etwa dort gearbeitet hätten und zu Krankheit und Schaden gekommen wären. In jedem Kirchspiel solle zu diesem Zweck ein Armenhaus gebaut werden, und zwar solle es bis zu einem bestimmten nicht entfernten Datum fertiggestellt und bis zu einem anderen mit Armen besetzt sein. Es wurden Deputierte ernannt, die auf Konservationsmittel denken sollten, damit das Werk im Stande verbleiben könne; dieselben dürften nicht voneinandergehen, bis sie einen Beschluß gefaßt hätten. Wallenstein kannte die Gepflogenheit des Adels, die ihnen nicht genehmen fürstlichen Beschlüsse durch passiven Widerstand zunichte zu machen.

Indessen muß man nicht denken, er habe etwa den bürgerlichen Stand bevorzugt oder gar den Bauernstand befreien oder heben wollen; denn es kam ihm immer nur auf Ordnung im Gemeinwesen, auf zweckmäßiges und pünktliches Funktionieren der Maschine an, und nur soweit dies durch sie befördert oder gehindert wurde, interessierte ihn die Lage der Menschen. »Was anbelangt des adels privilegia,« schrieb er an Sant Julian, der allerdings selbst von Adel war, »weis der herr selbst wol, das ich des adls freundt bin und wollte in auf keinerley weis gern destruiren; aber wenn ich nur das privilegium erhalten werde, das sie nicht apeliren, so will ich gern sie lassen wie edelleite undt nicht wie pauren leben.«

Wäre Wallensteins Stellung als Fürst anerkannt und gesichert gewesen, so wäre er so gut wie einer der anderen Territorialherren Gegner der kaiserlichen Zentralmacht geworden. Dieser Konflikt kam nur deswegen nicht zur Erscheinung, weil der Herzog sich zugleich Kaiser und Fürst fühlte und als den herrschenden Mittelpunkt, bewußt oder unbewußt, seine eigene Person setzte. Auch konnte von irgendeiner Gemeinsamkeit fürstlicher Interessen für ihn nicht die Rede sein, da gerade die mächtigeren Fürsten Wallenstein nicht als ihresgleichen wollten gelten lassen, so daß er in ihnen vielmehr seine gefährlichsten Gegner sah. Zu den kühnsten Unternehmungen des Herzogs gehört es, daß er im Norden Deutschlands noch einige neue Fürstentümer in der Art Mecklenburgs begründen wollte, indem er die welfischen Herzogtümer Kalenberg und Wolfenbüttel, das erstere Tilly, das zweite Pappenheim zuwendete. Als Vorwand der Absetzung ihrer bisherigen Inhaber mußten die Beziehungen derselben zum Könige von Dänemark dienen, welche festzustellen Wallenstein sich einiger braunschweigischer Minister bemächtigte und diese gegen ihre Herren aussagen ließ.

In bezug auf diesen Plan hat man Wallenstein mit Napoleon verglichen, insofern derselbe seine ergebenen Offiziere als Fürsten über eroberte Länder einsetzte; aber der Friedländer verfolgte damit weit weniger eine klare staatsmännische Absicht, als daß er eine Gelegenheit ergriff, um sich selbst zu sichern. Im Jahre 1626 hatte er den Kaiser gewarnt, Braunschweig für sich selbst einzuziehen, damit er sich die angestammten erbberechtigten Fürsten nicht zu Feinden mache; überhaupt verkündete und befolgte er stets den Grundsatz, die noch zweifelnden Reichsglieder zu schonen, nicht zur Verzweiflung zu treiben. Er ging davon ab, als es sich darum handelte, Mecklenburg für sich zu erwerben, und nun wiederum, als er für sich Stützen brauchte. Wenn es ihm gelang, Tilly und Pappenheim, beide im Dienste des Kurfürsten von Bayern, für seinen Plan zu gewinnen und in eine der seinigen ähnliche Stellung zu bringen, so hatte er erstens zwei Männer von Ansehen in sein Interesse verwickelt, zweitens Maximilian von Bayern entweder auch ihn anzuerkennen genötigt, oder ihm zwei Diener entzogen, von denen namentlich der eine, Tilly, ihm fast unentbehrlich war. Er mußte allerdings hier wie stets die Erfahrung machen, daß er den legitimen Mächten gegenüber den kürzeren zog.

Pappenheim, elf Jahre jünger als Wallenstein, mehr ehrgeizig und ruhmsüchtig als habgierig, abenteuerlustig und ungestüm tapfer, von der imperatorischen Persönlichkeit des Herzogs von

Friedland angezogen, ergriff den von diesem gemachten Vorschlag lebhaft und ließ sich von ihm zum Herbeischaffen des Beweismaterials gegen die Welfen gebrauchen. Eine weit heikligere Aufgabe war es, dem alten Tilly, als einem ganz im überkommenen System befangenen Manne, ein Wagnis revolutionären Charakters mundgerecht zu machen.

Tilly, der weder für Wallensteins Eigenart noch für seine offenen oder heimlichen Bestrebungen das geringste Verständnis hatte, empfing doch einen starken Eindruck von seiner Persönlichkeit; er spürte eine geistige Überlegenheit und unterwarf sich ihr, oft gewiß wider Willen. Seinerseits hatte Wallenstein den »guten Alten«, wie er ihn nannte, persönlich gern; man kann sich vorstellen, wie wohltätig das schlichte, offene, ehrliche Wesen des altmodischen Kriegers, gerade seine Beschränktheit und Kurzsichtigkeit, auf den undurchdringlich Einsamen, nie seiner selbst Sicheren wirkten. Aus Wallensteins Äußerungen über Tilly spricht häufig die heimliche Eifersucht auf den glücklicheren Feldherrn, die sich auf Augenblicke zum Hasse steigern konnte; wo dieser aber zurücktritt, eine gutmütige, verständnisvolle, wenn auch etwas herablassende Zuneigung.

Kam Tilly dem Herzog in die Quere, so daß er etwa nicht mit den schlechteren Quartieren vorliebnehmen wollte, die Wallenstein ihm zugedacht hatte, so wurde dieser sofort ungeduldig und unwillig. »Von Tilly habe ich nichts, keine einzige assistenz,« schreibt er im Jahre 1626 seinem Schwiegervater, »denn er tyrannisirt mich wie sein Prinzipal unsern Herrn den Kaiser«; oder: »Tilly gehet mit mir umb, wie der Bayrischen Brauch ist.« Andere Male aber trennt er die Person von der durch sie vertretenen Sache und sieht ein, daß das, was ihn stört, »aus seines Herrn Boteca kompt«. Mit ausgesprochen freundschaftlicher Parteinahme schreibt er einmal: »Denn er ist der bayrischen Commissari Sclavo und muß wider Razon travagliren und die Armee consumiren, und ist gewiß nicht ohn, daß er wegen seiner tapferen Thaten bei der Welt glorioso ist; wegen der Pacienz aber, so er mit denen Hundsfutern muß haben, wird bei Gott coronam martyri erlangen.« Es hebt die augenblickliche Aufrichtigkeit der wohlwollenden Gesinnung Wallensteins nicht auf, daß er hier zugleich mit der Absicht schreibt, sie dem Hof, der daran zweifelte, bekanntmachen zu lassen.

Man hat den Eindruck, es habe Wallenstein Vergnügen gemacht, sein Übergewicht zu benutzen und den »guten Alten« unmerklich auf seine Seite zu ziehen, so daß er für den Frieden mit Dänemark stimmte, den Wallenstein wünschte, und daß er auf den Plan einging, sich das Herzogtum Kalenberg verschreiben zu lassen.

Am 8. April 1629 schreibt er an Collalto: »Graf von Tilly ... ich sehe wol, daß er zum Frieden im wenigsten nickt inclinirt«; aber schon am folgenden Tage klingt es anders: »Izt hab ich lang mit dem Grafen von Tilli vom ungrischen Krieg discurirt, auf die letzt auf unsere proposition wieder den Türken zu kriegen kommen; er hat gleich mit Henden und Füßen drein geplozt und sagt, das wehre eine heilige, rümbliche, leichte und nüzliche impresa.«

Zehn Tage später hat er völlig gesiegt: »im übrigen ist der Graf von Tilli in allem meiner Meinung.« »Der herr Tilli, eher denn er hierher ist kommen, ist viel ein anderer opinion gewest, wie wir aber izt die consulta gehalten haben, so ist er meiner Meinung.«

Bei dem Angriff auf den Herzog von Braunschweig wird es Tilly schwerlich wohl zumute gewesen sein; denn dieser ratlose Mann wendete sich hilfeflehend gerade an seine Ehrlichkeit, ihn daran erinnernd, daß er ihm selbst ein Zeugnis über seine Treue gegen den Kaiser ausgestellt habe, ihn also doch jetzt nicht auf Grund angeblicher Untreue berauben könne. Auch wird er geahnt haben, wie scharf sein Herr, der Kurfürst von Bayern, der neuen Vergewaltigung eines Standesgenossen entgegentreten werde, der in der Tat auch den Plan vollständig vereitelte. Er kanzelte Pappenheim wie einen unverschämten Lakaien herunter, daß er sich unterstanden habe, gegen einen vornehmen Reichsfürsten mit einem solchen Prozeß vorzugehen. Vor dem bayrischen Zorne zog sich der Wiener Hof ängstlich von der Angelegenheit zurück, die überhaupt nur auf den Wunsch Wallensteins betrieben wurde. »Herr Graf Pappenheim«, berichtete Oberst Sant Julian dem Herzog, »ist mit geringem Nutzen in der braunschweigischen Sache abgereist ... Die Briefe des Herzogs von Bayern haben großen Schaden getan und bei vielen Ministern Schrecken verbreitet; außerdem hat es vielen gefährlich geschienen, die

Angelegenheiten von Mecklenburg und Braunschweig gleichzeitig zu entscheiden … indessen geht alles langsamer und schwieriger als gewöhnlich an diesem Hofe wegen der fortwährenden Abwesenheit Seiner Majestät.«

Die Wünsche und Meinungen des kaiserlichen Generals, der für allmächtig galt und zuweilen Diktator des Reichs genannt wurde, erfuhren tatsächlich wenig Berücksichtigung. Es ist wahr, daß der Kaiser ihm die Mecklenburger Herzöge preisgab und in den Frieden mit Dänemark unter den bescheidenen Bedingungen willigte, auf die Wallenstein sich beschränken zu müssen für gut fand; aber in anderen ebenso wichtigen Fragen hörte man nicht im geringsten auf ihn, so in der kirchlichen und in der mantuanischen.

Im Sommer 1628, zu der Zeit also, wo Wallenstein verhältnismäßig mächtig und gesichert dastand, wurde, seinem Sinne ganz entgegen, das Restitutionsedikt ausgearbeitet. Dies betraf den Punkt, wo die persönliche Unvereinbarkeit des Kaisers und Wallensteins am deutlichsten hervortrat: der Kaiser war fanatischer Katholik, für Wallenstein war das Bekenntnis nur ein Mittel zur staatlichen Organisierung. Für eine Religiosität in der Art des Kaisers, die in der peinlichen Ausübung gewisser Vorschriften und Gebräuche, in der abergläubischen Ehrfurcht vor geistlichen Personen bestand, war Wallensteins Geist zu klar und zu umfassend; um religiös in dem Sinne zu sein, daß er an einen persönlichen Grund der Welt glaubte und sich diesem unterordnete, war er zu sehr von dem wahnhaften Gefühl seines eigenen Wesens beherrscht.

»Hier schicke ich euch wieder,« schrieb er im Jahre 1626 seinem Landeshauptmann von Taxis, »wie ihr vor mich auf der Münz machen laßt; es gefällt mir alles, aber weiß ich nicht, wer euch hat in Sinn das Dominus protector meus gegeben, da doch meine Devisa ist invita invidia. Drum laßt das erste aus und macht dies.« Es hätte damals nicht leicht ein anderer so laut und klar den Wahlspruch trotziger Selbstherrlichkeit an die Stelle des gottesfürchtigen gesetzt, der dem herrschenden guten Tone entsprach. Die ewigen Dinge scheint er als etwas unendlich Hohes, dem irdischen Treiben Entrücktes erfaßt zu haben; es war nicht Ironie, wenn er den Geistlichen so oft empfahl, sich diesen zu widmen, denen sie sich gelobt hätten, sondern die etwas schmierige Verquickung niedriger menschlicher Leidenschaften mit der Idee des Heiligen beleidigte seinen unbestechlichen Verstand und seinen Geschmack. Wenn aber auf protestantischer Seite hier und da angenommen wurde, er habe eine Vorliebe für den Glauben seiner Kindheit und werde denselben sogar öffentlich wieder bekennen, so war das eine Täuschung, da Wallenstein es immer mit den legitimen, herrschenden Mächten hielt. Zu einem so auffallenden Schritt, wie der Übergang zum evangelischen Bekenntnis gewesen wäre, hätte er kaum dann den Mut gehabt, wenn irgendein äußerer Grund dazu vorgelegen hätte. Er war nicht einmal gegen die Bekehrung der Evangelischen in Ländern mit katholischem Haupt, nur gegen die gewaltsame, weil er sie für unzweckmäßig hielt und auch, das darf man wohl annehmen, weil er nicht ohne Empfindung für den Widerspruch war, der in der Anwendung grausamer Machtmittel zu religiösen Zwecken liegt. Er konnte mit Katholiken, wenn es ihm darauf ankam, sehr gut katholisch tun, und man sieht ihn mit Erstaunen in einem Brief an Lamormain, den Beichtvater des Kaisers, sich geläufig in einer gewissen damals üblichen Redeweise bewegen, deren fromme Einfalt der sonst so scharf sachlichen Feder sonderbar ansteht. Es sei nicht ohne, schreibt er da zum Beispiel in bezug auf den Italienischen Krieg, daß der Teufel jetzt seinen letzten und größten Sforzo tue, auf daß die Ketzereien nicht extirpiert würden. Er führte auch, um Lamormain persönlich oder der katholischen Partei gefällig zu sein, in Mecklenburg die Jesuiten ein; aber gegen diese hatte er überhaupt nichts, solange sie sich seiner Oberherrschaft unterwarfen. Ob Wallenstein, wenn er Herr in Deutschland geworden wäre, den Grundsatz der Duldung aufgebend, das eine oder andere Bekenntnis unterdrückt hätte, darüber nachzudenken ist müßig, da er es selbst jedenfalls nicht tat, oder hätte er es getan, sich vielleicht selbst geirrt hätte. Was er von seinen Untertanen verlangte, war Gehorsam und Tüchtigkeit, und wie er betriebsame Juden gern in seinen Ländern duldete, so hätte er auch brauchbare Türken und Heiden zugelassen. Die Vorliebe, die er für die Protestanten augenscheinlich hatte, war sicherlich dadurch entstanden, daß er bei ihnen im allgemeinen mehr Tätigkeit, Betriebsamkeit, Ernst, Zucht, Gewissenhaftigkeit und Folgerichtigkeit, kurz das bessere Material für einen Beamtenstand fand.

Es wäre insofern nicht unmöglich, daß er, als Regent in protestantischen Ländern, mit der Zeit das protestantische Bekenntnis als seinen Zwecken förderlich erkannt hätte: einstweilen betrieb er bei seinen Untertanen die Aufnahme der katholischen Religion, aber ohne Zwang.

»Bitte auch,« schrieb er im Jahre 1626 an seinen Schwiegervater, »man höre auf, in Böhmen so ernstlich wegen der Luthrischen zu prozediren, man möchte auch bei männiglich den Credit verlieren, das sein Jesuitische oder des schlimmen Leckers« – damit war Kardinal Dietrichstein gemeint – »Inventionen.« Die Vorwürfe, die wegen seiner Lauheit von seiten der böhmischen Katholiken gegen ihn erhoben wurden, bewogen ihn nicht zu schärferem Vorgehen gegen seine Untertanen, vielleicht eher zum Gegenteil. Vollends entrüstete ihn das Restitutionsedikt, wodurch der Kaiser alle seine im Reich gewonnenen Erfolge aufs Spiel setzte, dadurch zugleich natürlich die persönliche Eroberung Wallensteins.

Wallenstein tue das närrischeste Stück von der Welt, daß er auch die Katholiken angreife, sagte der sächsische Geheime Rat Schönberg: würde er nur die Evangelischen bedrücken, so hätte er damit leichtes Spiel; und er bewies damit, wie wenig Verständnis er für Wallenstein hatte. Nichts lag diesem ferner, als den Kaiser als katholischen Herrscher oder die katholische Partei im Reiche mächtig machen zu wollen; hätte er selbst sich vermittelst des Katholizismus zum Herrscher machen können, was jedoch nicht der Fall war, so würde ihn das nicht befriedigt haben; denn ihm war es gerade wesentlich, sich mit keiner Partei zu verbinden, sondern über den Parteien zu stehen. Er strebe nach dem Ruhme, sagte Kepler von ihm, die Wissenschaft ohne Rücksicht auf den Religionsunterschied zu befördern. Darin zeigt sich der ihm angeborene Herrschersinn; bis zu einem gewissen Grade hätte er die Sehnsucht des Volkes nach einem unbestechlichen Tribunal über dem Parteigewoge erfüllen können. Im Stile Friedrichs des Großen stellte er den Grundsatz der Duldung auf, indem er zu den magdeburgischen Gesandten sagte, die Gewissen dependierten allein von Gott, gegen den auch ein jeder seine Religion zu verantworten hätte.

Als großer Organisator und Zentralisator hätte Wallenstein dahin kommen müssen, die Säkularisierung des Klerus anzustreben. Wenn er nun auch, um das ins Werk zu setzen, die Macht und das Recht bei weitem nicht erlangte, so wollte er doch die Hand nicht dazu bieten, der Kirche die Güter wiederzugeben, die sie einmal verloren hatte. Er vernehme, äußerte er sich den Magdeburgern gegenüber, die Hansestädte bildeten sich ein, man wolle das kaiserliche Edikt wegen Reformation der Religion exequieren, aber er verspreche ihnen, daß ihnen das geringste deswegen nicht solle zugemutet werden, denn man könne den Religionsfrieden nicht also über den Haufen werfen.

Damit nahm er öffentlich Stellung gegen die kaiserliche Regierung und gab sich der evangelischen Partei als Vertreter ihrer Interessen, soweit sie sich auf die Religion bezogen und berechtigt waren, zu erkennen. Handelte er aber dabei aus seinem eigensten Wesen heraus, so nahm er doch gerade hier, wo er sich scharf vom Kaiser absonderte, zugleich den wahren Vorteil des Kaisers in acht, dessen reaktionäre Absichten im Reich er als undurchführbar erkannte. Ebenso wollte er das Beste des Kaisers, indem er dem Italienischen Krieg widerriet, in den der Kaiser sich zu seinem Schaden verstrickt hatte; aber beide Male vertrat er die Interessen des Kaisers nicht als sein ergebener Diener, sondern als sein anderes Ich, ja als der wahre Kaiser, der sich in seinem Eroberungszuge durch das Reich nicht wollte aufhalten lassen.

Es handelte sich in dem sogenannten Mantuanischen Erbfolgekriege für Österreich darum, den französischen Einfluß in Italien nicht aufkommen zu lassen; in der Tat aber hatte der Kaiser dort nicht so viel zu gewinnen oder zu verlieren, daß er Frankreich deswegen hätte reizen dürfen. Wallenstein beurteilte die Lage richtig, wenn er dem Kaiser riet, jeden nicht notwendigen Krieg zu vermeiden, um den unvermeidlichen Feinden desto besser begegnen zu können.

»Der Fried oder tregua zwischen Polen und Schweden ist richtig,« schrieb er im Herbst 1629 an Collalto, »der Schwed auf Ersuchen etlicher Ständt des Reichs wie auch Hansenstett und anderer malkontenten wendet sich hereinwerts.«

»Daß sich Frankreich nicht herein wenden solle mit aller seiner Macht, das glaub der Herr Bruder nicht … es wird … den größten Sforzo herein wenden …, dieweil nicht alle katholische ihm zuwider sein. Die anderen seind in solcher Desperacion, das sie nicht allein wenn Frankreich kompt, sondern da der Teufel selbst käme, sich ihm werden in die Hendt werfen.«

»Mit den Magdeburgern hab ich zwar die fach accomodirt, aber das ich die Hansenstett von der Schweden und der Holländer devocion solte abwendig machen, das ist kein Möglichkeit. Solches alles causirt die unzeitige scharfe Reformation, wie auch das kayserliche edict wegen der restitution der geistlichen Güter und Ausschaffung der Calvinisten.«

»Denn es rottirt sich die ganze Welt wider uns,« schrieb er im Dezember; er fürchtete, auch Italien und die Schweiz würden sich den Feinden Österreichs anschließen, ja sogar Polen, »denn die Polen sind von Natur der Deutschen Feind.«

Im Februar 1630 heißt es: »Der Status im Reich ist so gefährlich, wie er je gewesen. Die Katholischen haben Angst vor der Monarchie, die anderen wegen der Restitution der geistlichen Güter ... Die Erbitterung ist so groß, daß sie alle sagen, der Schwede soll nur kommen, kann er ihnen nicht helfen, so wollen sie gern mit ihm praecipitiren ... Ihr Matt. Länder und wie sie affectionirt sind und wie man sich auf die novos Christienos verlassen kann, das mag jeder judiciren ... Die Feinde werden nicht so bald wieder eine Gelegenheit bekommen, das Haus Österreich zu ruiniren.«

Wallenstein pflegte die Macht und günstige Lage der Feinde zu überschätzen; fast niemals spricht aus seinen Äußerungen das Gefühl der eigenen Kraft und die daraus hervorgehende Zuversicht. Er war unsicher in sich selbst und unsicher in seiner äußeren Stellung; nur eine kurze Zeit nach dem Brucker Gespräch, Ende 1627 und Anfang 1628, hatte er sich von einer anerkannten Macht getragen gefühlt und war dementsprechend mit einigem Schwung und Nachdruck aufgetreten. Nach dem Tode seines Schwiegervaters, der im Jahre 1627 starb, beruhte sein Ansehen bei Hofe im wesentlichen nur noch auf dem Fürsten Eggenberg und dem viel weniger einflußreichen Questenberg; er wußte, daß der Kaiser ihn nicht liebte und weit mehr auf die Seite seiner Feinde neigte, die seine katholische Richtung teilten, daß nur die alte Freundschaft des Kaisers mit Eggenberg ihm das Übergewicht verschaffte, von dessen Klugheit, Liebenswürdigkeit und erprobter Treue Ferdinand seit früher Jugend gewohnt war sich leiten zu lassen.

Zu der Schar der Feinde Wallensteins zählten zunächst alle die Offiziere, deren Eitelkeit und Empfindlichkeit er verletzt, die er irgendwie durch Launenhaftigkeit, Stolz und Kälte abgestoßen hatte, sodann der katholische Adel Böhmens, der die wachsende Macht des ehemaligen Standesgenossen fürchtete. Der tätigste und erbittertste von diesen war Wilhelm von Slawata, ein Vetter Wallensteins. Wie dieser war er in der protestantischen Religion geboren und erzogen, trat wie dieser zum Katholizismus über und heiratete eine reiche Erbin, die letzte ihres Geschlechtes. Es wurde ihm, wohl mit Recht, nachgesagt, er habe den Übertritt der Heirat wegen vollzogen; denn in der Tat geschah es unter dem Einfluß seines künftigen Schwiegervaters. Slawata hatte genug von der Art der Böhmischen Brüder an sich, um den wichtigen Schritt nicht leicht nehmen zu können; unfähig, auf die sich ihm mit dem Religionswechsel darbietenden glänzenden Lebensaussichten zu verzichten, quälte ihn doch sein Gewissen, wenn auch vielleicht nur in der Weise, daß er sich über die Vorwürfe und Nachreden nicht hinwegzusetzen vermochte. Mit seinem gleichfalls neubekehrten Freunde Martinitz wurde er der Führer der äußersten katholischen Richtung in Böhmen, die den König noch übertrumpfte, und sie wurden infolgedessen von den Protestanten auf der Prager Burg defenestriert. Daß er einen unversöhnlichen Haß gegen den Grafen Thurn behielt, als den Hauptveranstalter der Exekution, ist begreiflich; mit dem gleichfalls königstreuen Wallenstein hätte ihn das gemeinsame Parteiinteresse verbinden können. Allein der Neid und die Eifersucht auf Nahestehende und Gleichstrebende erzeugt oft bitterere Feindschaft als die Zugehörigkeit zu entgegengesetzten Lagern. Man darf annehmen, daß Slawata schon als junger Mensch den um elf Jahre jüngeren heranwachsenden Vetter, der ihn durch glänzendere Gaben ausstach, mit scheelem Blick betrachtete. Er erzählt, man habe den jungen Albrecht wegen seiner Wunderlichkeiten den Tollen genannt; für das Bodenlose, Dunkle in Wallensteins Wesen, das Innerste, woraus seine

Handlungen mit ihrem verschwimmenden Umriß aufstiegen, hatte er kein Verständnis und fertigte es mit einem Schimpfwort ab.

Da Slawata im Jahre 1628 nach Wien übersiedelte und als Oberstkanzler von Böhmen zum engeren Rat des Kaisers gehörte, hatte er Gelegenheit, gegen Wallenstein zu wirken. Er hielt sich dabei nicht an den Kaiser, der lieber auf die Jagd ging als haßte und kämpfte, sondern an die beiden mächtigsten Feinde Wallensteins: Maximilian, den Herzog von Bayern, und Ferdinand, den ältesten Sohn des Kaisers. Dieser, der schon durch Kränklichkeit im Behagen gestört, weit weniger lebenslustig und viel ehrgeiziger als sein Vater war, sah mit Ungeduld und Entrüstung den General einer herrschenden Stellung im Reiche zustreben, die er selbst einzunehmen durch die Geburt berechtigt war und auch befähigt zu sein glaubte. Er traf sich in der Abneigung gegen den Emporkömmling mit seinem Oheim Maximilian, dessen politischer Standpunkt übrigens mit den kaiserlichen Interessen durchaus nicht vereinbar war.

Wenn Maximilian, der auch habsburgisches Blut hatte, überhaupt Wesentliches mit dieser Familie gemeinsam hatte, so war es nicht das Kindliche und Spielerische, das zum Charakter seines Vetters Ferdinand gehörte, sondern das Kalte, Unbewegliche, das Versteckte und Schleichende, welches letztere die Zeit im allgemeinen kennzeichnet. Er war sehr fleißig und sparsam, schweifte nicht nach unerreichbaren Zielen, wenn er auch hoch genug griff, sondern führte die zur Vergrößerung seiner Macht unternommenen Pläne mit zäher Ausdauer durch, so daß er wohl ein tüchtiger Fürst genannt werden muß. Aber er war ganz ohne Größe; ein Zug von Beschränktheit und Kleinlichkeit gibt allen seinen Handlungen und seinem Auftreten etwas Krämerhaftes. Seine Zweizüngigkeit, Verschlagenheit und Tücke erscheinen an ihm nicht wie die Kunstmittel ausgebildeter Diplomatie, sondern als die Heuchelei eines Habgierigen, der den Ruf, ein frommer Christ und redlicher Handelsmann zu sein, nicht missen will. Sein Hochmut war unbegrenzt, aber er bezog sich nur auf seinen Stand; es ist anzunehmen, daß er, als Bauer geboren, nichts anderes erstrebt hätte, als ein möglichst reicher Bauer zu sein. Obwohl es ihm nahegelegt wurde, sich um die Kaiserwürde zu bewerben, verzichtete er doch darauf; nicht weil es ihn nicht gereizt hätte, sondern weil er die Scheu vor dem höheren Anrecht der Habsburger nicht loswerden konnte, was nur ein mächtiges Selbstgefühl überwunden hätte.

Während seiner ganzen Regierung schwankte Maximilian dazwischen, des Kaisers treuester Bundesgenosse oder sein Feind zu sein, immer mit dem Ziele, ihn zu beherrschen. Insofern hatte Wallenstein, sich mit dem Kaiser identifizierend, vollkommen recht, wenn er den Kurfürsten als des Kaisers Nebenbuhler, Vormund und Tyrann, als den, der, wie er sich ausdrückte, allein gern dominus dominantium im Reich sein möchte, bekämpfte. »Wir haben schon genug wegen der Bayern Ungelegenheit ausgestanden, ist nicht ragon … daß man ihn mächtiger auf des Reichs Unkosten macht«, schrieb er 1626 an Harrach; und in ähnlichem Sinne äußerte er sich mündlich und schriftlich oft. »Ich höre, daß der Bayer des Tiefenbachs, Wickenhorst und Collalto wie auch Sachsen Regimenter begehrt hat; ist kein Narr nicht drumb, aber ich were eine bestia, wann ich drein verwilligen thete, nicht ein Augenblick wollte ich bleiben, denn ich bin gewohnt, dem Haus von Österreich zu dienen und nicht von der bairischen Servitut mich strapezieren lassen.«

Von dem Augenblick an, wo es Maximilian klar wurde, daß Wallenstein kein gehorsamer Diener des Kaisers und der Liga war, sondern daß sein Ziel entweder die Übermacht des Kaisers oder die eigene Größe war, suchte er seine Stellung zu untergraben, sei es, daß seine Befugnisse eingeschränkt würden oder daß er abgesetzt würde.

Es ist so gut wie selbstverständlich, daß Maximilian die wahren Ziele seiner Politik verbarg; allein er wandte weit mehr Heimlichkeit und Ränke auf, als üblich war und nötig gewesen wäre. Niemals trat er geradezu als Gegner Wallensteins auf, sondern schob, auch dem Kaiser gegenüber, die Fürsten der Liga vor, nachdem er sie aufgehetzt und organisiert hatte. Diese Fürsten, mit Maximilian an der Spitze, waren durchaus die Vertreter des Alten und Überlebten; sie bekämpften alle Keime neuer Lebensformen, um die Herrschaft ihrer kurfürstlichen Aristokratie in einem innerlich zerklüfteten, nach außen ohnmächtigen Reiche zu erhalten. Es war nicht die Idee von der Macht und Größe des alten, heiligen Reichs, die ihnen vorschwebte, sondern der alte, unheilvolle fürstliche Grundsatz vom schwachen Kaisertum, auf dessen Kosten ihre Hoheit und Willkür wachsen konnte. Mit Kaiser Ferdinand verband sie zwar der unversöhnliche Katholizismus, doch hätte das sie nicht gehindert, sich gegen ihn nicht nur mit Frankreich, sondern sogar mit dem erzprotestantischen Schweden zu verbinden. Als Vertreter einer neuen Idee, die sich erst durchsetzen mußte, die Schwächeren im Reiche, wären die protestantischen Fürsten damals der Verstärkung der Kaisermacht geneigt gewesen, wenn ein unparteiischer Kaiser regiert und den Grundsatz der Duldung aufrechtgehalten hätte. Es ist kein moralisches Verdienst, daß sie politisch weniger selbstsüchtig waren als die katholischen Fürsten, da nur ihre Notlage es mit sich brachte; nur das Recht der Zukunft war auf ihrer Seite. Auch der Protestantismus hatte etwas Auflösendes; aber nur, weil er voll Lebens war. Er hatte etwas von dem scheinbar unfruchtbaren, aber das Leben erzeugenden Meere, wie denn auch Meervölker seinen Triumph erstritten. Die Liga wollte die Zersetzung dauernd machen; auch für die Kirche stritten sie nicht als für eine die Welt umfassende, sondern die Welt erdrückende Macht, die namentlich dem Kaiser wirksam entgegengesetzt werden konnte. So wirkte die Liga nach allen Seiten nur als Druck und Hemmung, und das Trostlose des Dreißigjährigen Krieges liegt eigentlich darin, daß diese unfruchtbare, lebenlose Kraft, eine Unkraft, den Sieg behielt. Sie konnte das gerade deshalb, weil sie nie wagte, nie opferte, nie träumte, sondern nur rechnete; und sie mußte es vielleicht, damit im fortdauernden Kampfe das neue Leben sich desto stärker entwickelte.

Die antikaiserliche Politik der katholischen Kurfürsten brachte es mit sich, daß Wallensteins erbittertste Gegner nicht seine Feinde im Felde, die Evangelischen, waren, sondern seine Mitstreiter, die Ligafürsten. Mit den evangelischen Fürsten konnte ihn möglicherweise ein gemeinsames Ziel verbinden, nämlich die Schaffung eines einheitlichen Reiches auf dem Boden der Gewissensfreiheit; zwischen ihm und der Liga war kein Verständnis möglich, ob er ihnen nun als Vertreter der kaiserlichen oder der eigenen Zentralmacht gegenüberstand.

Maximilian von Bayern liebte es, seine Wünsche von berufener Seite ordentlich und überzeugend begründet zu sehen. In seinem Kampfe gegen Wallenstein gewann er zu diesem Zwecke eine »bedeutende Persönlichkeit«, wie die Eingeweihten den Unbekannten betitelten, der sich fähig fühlte, aus dem Charakter des Herzogs mit Sicherheit auf seine Absichten zu schließen, auf die Art, wie er sie ins Werk zu setzen versuchen würde, auf die Mittel, durch die man ihn erfolgreich bekämpfen könnte.

Man hat als Verfasser der Abhandlung über Wallenstein seinen Feind Slawata und von anderer Seite den Fürsten Lobkowitz angenommen. Gegen Slawata spricht, daß er ein beschränkter Mensch gewesen zu sein scheint, während man dem Unbekannten eine hohe Intelligenz zuschreiben muß. Aus der feinen psychologischen Zergliederungskunst der Denkschrift möchte man auf einen Italiener oder Spanier schließen; denn diese besaßen damals die geistige Kultur, die dazu gehört, einen Menschen als lebendiges Gebilde mit eigenem Gepräge aufzufassen, das in dieser Eigenart erfaßt werden müsse, wenn man seine Gesetze, nach denen es handle und zu behandeln wäre, erkennen wolle.

Man könnte an Collalto denken, nicht weil die Schrift in italienischer Sprache abgefaßt ist, sondern weil Collalto den Herzog aus persönlichem Umgang gut kannte und weil er zu ihm in einem besonderen Verhältnis von Freundschaft und Feindschaft stand, eine Mischung, die sich in gewisser Hinsicht auch in der Charakteristik des Unbekannten findet.

Rückhaltlos wird Wallensteins hohe Einsicht, sein scharfer Verstand, sein gereiftes Urteil anerkannt, ferner daß ihm von Natur ein Drang zur Oberherrschaft, ein Trieb zu jeder großen Unternehmung eigen sei, die Kraft der Natur und des Geistes also, die in der Tat die Grundlage seines Wesens bilden. Aus dieser Veranlagung schließt der Unbekannte, daß Wallenstein seine Armee immer dahin führen werde, wo die höchsten Ziele zu erreichen wären, die sich ersinnen ließen. Das höchste Ziel wird deutlich bezeichnet: er habe nämlich die Absicht, die aristokratische Verfassung Deutschlands in eine absolute Monarchie umzuwandeln. Er verrate das durch die Art und Weise, wie er die Reichstage und Konvente und das Vorgehen der Fürsten im Reich verspotte. Träger dieser Machtfülle wolle er selbst sein, wenn auch dem Namen nach nicht bei

Lebzeiten des Kaisers; nach dem Tode desselben aber werde er sich durch die Armee zum erblichen Könige ausrufen lassen. Er werde dann in anderen Unternehmungen zeigen, welche große Kraft Deutschland innewohne, wenn es unter einem einzigen Oberhaupte vereinigt sei.

Mit diesem Satze stellt der Unbekannte zugleich Wallenstein ein Zeugnis seiner Größe und den katholischen Kurfürsten ein Zeugnis ihrer kleinlichen Selbstsucht aus.

Auf Wallensteins Charakter im einzelnen eingehend, bezeichnet er als seine Hauptlaster Ehrsucht, Zorn und Neid. Nach seinem eigenen Bekenntnis verstehe er seinen Zorn nicht zu meistern. Nichts sei ihm unerträglicher, als sich dem Willen eines anderen zu unterwerfen und von irgend jemandem abhängig zu sein; jede Antastung dieser angemaßten Unabhängigkeit berühre ihn auf das empfindlichste. Er sei außerordentlich verschlossen, außer Gott dringe niemand in die tiefen Falten seines Gemüts ein. Wovon er mit aller Welt rede, daran denke er sicher nicht. Sein bizarres Wesen diene ihm dazu, die kolossalen Pläne seines Ehrgeizes dahinter zu verbergen. Auch die kleinste Gunst, die er einem anderen erweise, schlage er überaus hoch an. Trotz seiner Veränderlichkeit und Unentschlossenheit verfolge er einen einmal gefaßten Plan hartnäckig und lasse sich auf keinerlei Weise davon abbringen.

Legte der Unbekannte damit die Eigenschaften des Herzogs klar, die ihn für seine Gegner gefährlich machen konnten, durchschaute er die andere, die schwache Seite seines Wesens nicht weniger. Es sei sicher, sagte er, daß Wallenstein ebenso feige sei, wenn er sich schwächer oder gleichstark fühle, als kühn, wenn er sich dem Feinde beträchtlich überlegen wisse. Er werde nie etwas Gewisses für etwas Ungewisses geben. Bei allem Hochmut und aller Ehrsucht sei er denjenigen gegenüber, die ihm die Zähne wiesen, sehr furchtsam.

Der tragische Grund von Wallensteins Leben und Schicksal war also von einem Zeitgenossen erkannt und ausgesprochen: daß seine große Kraft durch eine ebenso große Schwäche aufgehoben wurde. Diese Schwäche in Betracht ziehend, mußte der Unbekannte zu dem Schlusse kommen, daß es nur des kaiserlichen Machtwortes bedürfe, um den General unschädlich zu machen. So urteilte auch der spanische Gesandte Aytona, der wahrscheinlich mit dem Verfasser des Diskurses über Wallenstein gut bekannt war; allein er bezweifelte, daß der Kaiser imstande wäre, einen so einschneidenden Entschluß zu fassen. Auch in Wallensteins Schlüpfrigkeit sah man eine Erschwerung; er werde nämlich, sowie er bei seinen Entwürfen Widerstand fände, seine Gedanken ändern und zu einem guten Rückzuge immer einen friedlichen Ausweg finden, damit er nur die Waffen in der Hand behalten könne.

Da infolgedessen von einem offenen Vorgehen abgesehen werden müsse, schlug der Unbekannte folgendes Auskunftsmittel vor: der Kaiser solle einige hohe Offiziere Wallensteins insgeheim anweisen, ihm den Gehorsam zu verweigern, wenn er ihnen Befehle zukommen lasse, die mit denen des Kaisers in Widerspruch ständen. Eben auf diesem Wege, daß der Kaiser unter der Hand die angesehensten Offiziere und durch sie das Heer von ihm trennte, ihn hinterrücks vereinzelte und entwaffnete, wurde der Herzog tatsächlich sechs Jahre später gestürzt; es war, wie man sieht, der Weg, der dem Charakter der Beteiligten genau angepaßt war. Daß der Kurfürst von Bayern in diesem Drama die Hauptrolle zu spielen habe, stand dem ungenannten Menschenkenner fest.

Sowie Wallenstein Ende 1626 seine Stellung befestigt und seine Macht erweitert hatte, rief denn auch Maximilian die Fürsten der Liga zusammen, um über Schritte zu seinem Sturz zu beraten. Bei einer Zusammenkunft in Eichstätt im Februar 1627 führte er als Gründe an: des Herzogs nicht unbekannten Humor, seine gegen die geistlichen Fürsten geführten »seltsamen und zum Teil bedrohlichen« Reden, sein Verfahren bei Errichtung und Erhaltung der Armada, die Wahl seiner Offiziere und die Führung seiner Kriegsoperationen.

Mit dem »bekannten Humor« des Herzogs war jedenfalls sein »unersättlicher Ehrgeiz« und seine »absolute Regiersucht« gemeint. Seine »seltsamen und zum Teil bedrohlichen Reden« bestanden darin, daß er dem kurbayerischen Gesandten gegenüber im Ärger das Wort hatte fallen lassen, ob sie denn vermeinten, daß der Kaiser gar eine statua sein solle? Maximilian hielt das neben anderen Anzeichen für einen Beweis, daß man am kaiserlichen Hofe, das heißt, daß Wallenstein damit umgehe » autoritatem Caesaris et statum Monarchicum in Deutschland zu stabiliren und auf das wenigste den Kurfürsten des Reichs ihre Präeminenz und Gewalt zu restringiren«. Er wolle die Kurfürsten Mores lehren, sagte er ein anderes Mal, der Kaiser bedürfe ihrer nicht, um seinen Sohn zu seinem Nachfolger zu erkären; und es scheint, daß er in seiner oft so unbesonnenen und sorglosen Art sich in ernstem und witzigem Spott über die Fürsten gehen ließ. Daß er bei der Wahl seiner Offiziere Protestanten bevorzugte, sollte die Meinung, er sei kein guter Katholik, bestätigen; sein Atheismus, den man aus seiner Beschäftigung mit der Astrologie ableitete, wurde nachdrücklich gegen ihn angeführt. Am lautesten jedoch klagten die Kurfürsten, wo sie als selbstlose Verteidiger bedrängter und wehrloser Unschuld erscheinen konnten, nämlich über die vom Wallensteinschen Heer am Volk verübten Bedrückungen und Grausamkeiten, die sogenannten Kriegspressuren. Dies war ein Gegenstand, der alle gleichmäßig, auch die Protestanten anging, der Gelegenheit zu langatmigen Gefühlsausbrüchen und Schilderungen von Greueln gab, durch welche auf Leser und Hörer jeder Art Eindruck gemacht wurde. Gerade in diesem Punkte brauchte sich Wallenstein am wenigsten getroffen zu fühlen, da tatsächlich im Gefolge jedes Heeres das gleiche Elend und die gleichen Schrecken waren, wie es notwendig mit dem Kriege und der damaligen Kriegführung zusammenhing. Wie alle großen Heerführer war auch Wallenstein einsichtsvoll genug, das Land vor gänzlicher Verwüstung bewahren zu wollen, das die Soldaten ernähren sollte; aber zur genauen Durchführung der zum Schutze der Bauern aufgerichteten Gesetze war auch er nicht imstande. Nichts lag ihm ferner als mutwillige Grausamkeit gegen Untergeordnete und Schwächere; er machte die Offiziere mit rücksichtsloser Strenge für die Ausschreitungen ihrer Regimenter verantwortlich; aber allerdings nur soweit sich das tun ließ, ohne die Interessen des Heeres zu schädigen. Ende 1627 schrieb er an Collalto: »Auf das man sich über mich im Reich nicht zu beschweren hat, daß ich die Transgressoren nicht straf, so hab ich heut dem von Görzenich den Kopf weghauen lassen; er ist wohl aufs Rad sentenzirt worden, aber ich vermein, daß man sich mit diesem contentiren kann.« Die großen und hohlen Worte verschmähte Wallenstein; er wußte, daß die Kriegsgreuel nicht ganz abzustellen waren, daß es weder gerecht noch nützlich gewesen wäre, alle Übertreter den Gesetzen gemäß zu bestrafen. Gelegentlich opferte er dem Zetergeschrei seiner Feinde einen, um den es sonst nicht schade war. Übrigens spottete er über die Anmaßung und den Unverstand derer, die fern vom Kriegsschauplatz und ohne Sachkenntnis sich mit Kritik und untunlichen Forderungen einmischten. Wenn Wallenstein weder jemals Begeisterung für eine Sache empfand noch Mitgefühl für das Elend der Armen, auf welche die Last des Krieges vorzüglich drückte, so hatte er doch Geschmack genug, die schwungvolle oder gefühlvolle Gebärde zu meiden, die dergleichen vortäuschte. Alle die Fürsten, die sich den Jammer ihrer Untertanen scheinbar so sehr zu Herzen nahmen, taten weit weniger als Wallenstein, um ihn zu lindern; nach ihrem eigenen Geständnis schien ihnen das Maß erst dann voll zu sein, wenn sie selbst auch nur im geringsten betroffen wurden. Daß der »arme Mann«, vorzüglich der Bauer, die Last des Gesellschaftsgebäudes allein zu tragen hatte, war selbstverständlich; nur das entrüstete die Herren, wenn anstatt ihrer ein anderer ihn ausnützen wollte. Wallenstein als großer Organisator erkannte, daß ein gewisses leidliches Wohlergehen des arbeitenden Standes zum Gedeihen des Ganzen notwendig ist, und sorgte deshalb in seinen Ländern dafür; so war er weniger aus Gefühl als aus Einsicht menschenfreundlicher als seine Standesgenossen, die ihn für die in Deutschland herrschende Not verantwortlich machen wollten.

Persönlich fühlte der Kaiser sicherlich keine Neigung, den Anklagen der katholischen Kurfürsten gegenüber für seinen General einzutreten. Wallenstein konnte ihn schon als seinen Vorgesetzten nicht lieben; einen Vorgesetzten, dem er sich so weit überlegen fühlte, der seinem Amte so wenig gewachsen war, verachtete er.

Zwischen Wallenstein und seinen Freunden war ein Ton über den Wiener Hof gebräuchlich, der bei Questenberg zum Beispiel ein gutmütig verwandtschaftliches Gefühl nicht ausschließt, bei Wallenstein nur streng und fern klingt. »Ich bin von natura der tardität in allen Sachen feind«, schreibt Questenberg, »und mues mit lautter langsamen leuthen, zue einer straf, glaub ich, zue thun haben.« Die Jagdliebhaberei des Kaisers gab ihm oft zu komischen Klagen Anlaß, ebenso seine Unfähigkeit, über das Nächstliegende hinauszusehen, und seine bequeme Neigung,

Gott sorgen zu lassen. »Mich gedunkt, daß wier uns mehr auf die miracl verlassen, sonst wurden wier die raggion militare mehr in acht nemen.« »Es ist kain maister Koch net da, der alles under seiner inspection hett, also gehen wier in malhora, oder gott mueß helffen.« Es ist ein skeptischer Geist, der klug durchschaut, liebenswürdig gehen läßt, auch das Ernsteste in Spaß auflöst und lieber zugrunde geht, als sich den Ereignissen entgegenstemmt.

Mehr oder weniger wird dem Kaiser die Überlegenheit und die Geringschätzung Wallensteins spürbar und empfindlich gewesen sein, besonders dann, wenn er sich ihm geradezu widersetzte, wie in der Frage des Mantuanischen Krieges. Der General würde besser tun, seine, des Kaisers, Entschlüsse abzuwarten, schrieb er im Sommer 1629 gereizt an Collalto, anstatt nach seinem eigenen Kopfe zu handeln. Er liebte es, zuweilen den scharfen Ton des Gebieters gegen Wallenstein anzuschlagen, was dieser in der Weise beantwortete, daß er mit Worten, aber nicht in der Tat gehorchte.

Daß Wallenstein stürzte, ist kein Wunder, vielmehr daß er sich fünf Jahre lang halten konnte. Es war das, was die Person des Kaisers anbelangt, seiner Angst vor folgenschweren Entschlüssen zuzuschreiben, besonders solchen, deren Folgen seine Umgebung berührten. Man fand, daß der Argwohn, den man ihm gegen den Herzog einflößte, ihn melancholisch machte, weil er dadurch in seiner Behaglichkeit gestört wurde. »Ich fand den Kaiser günstig gestimmt,« berichtete der spanische Gesandte im März 1628 nach Hause, »doch äußerst besorgt wegen der launischen Beschaffenheit des Herzogs von Friedland. Er tat mir leid, daß er trotz seiner Kenntnis von Wallensteins Charakter es nicht wagte, ihm das Kommando zu entwinden; er meint aber, daß dies größere Übelstände zur Folge haben würde, als wenn man vorläufig gegen ihn gute Miene mache.«

Diese Übelstände waren nicht nur Wallensteins Geldforderungen, nicht nur, daß man keinen Ersatz für ihn wußte, sondern daß der Kaiser aus der Szylla der Wallensteinschen Herrschaft in die Charybdis der bayrischen zu geraten fürchten mußte. Die Feindschaft des Kurfürsten selbst gegen den kaiserlichen General hätte seine Furcht und Eifersucht verraten; aber er äußerte ja unverhohlen seine Besorgnis, daß jener die Selbstherrlichkeit der Kurfürsten brechen wolle, wie auch Wallenstein mit seinem Ärger über die bayrische Tyrannei nicht zurückhielt. Um diese Sorge zu zerstreuen, ließ Ferdinand dem Kurfürsten von Mainz sagen, so wahr als er Gottes Angesicht zu schauen begehre, versichere er, daß es seine Intention, Will und Meinung niemals gewesen sei, der Kurfürsten und Stände des Römischen Reichs hergebrachte Libertät und Freiheiten zu schwächen; was man ihm insofern glauben kann, als es ihm, abgesehen von der konfessionellen Frage, niemals auf eine grundsätzliche Lösung von Konflikten ankam, sondern immer nur auf augenblickliches Ausweichen oder Durchschlüpfen. Dieser feierlichen Erklärung Glauben zu schenken, ziemte sich den Kurfürsten, und sie beteuerten auch, daß sie es täten; aber da Maximilian durchaus nicht seinen Vetter, den Kaiser, sondern Wallenstein fürchtete, legte er Ferdinands Versicherung keinen Wert bei und bewog seine Mitkurfürsten, auf einer Einschränkung der kaiserlichen Militärmacht zu beharren.

Der erneuerten Forderung der Kurfürsten im Jahre 1628, der Kaiser solle sein Heer, das so viel Verderben stifte, entlassen, glaubte dieser in etwas nachgeben zu müssen und schickte Collalto ins Reich, um einen Teil der Truppen wirklich abzudanken.

Er erteilte auch Wallenstein darauf bezügliche nachdrückliche Befehle, mit denen es ihm augenscheinlich Ernst war; die Besorgnis, die Kurfürsten möchten sonst seinen Sohn nicht zum Römischen König wählen wollen, überwog damals jede andere. Indessen gelang es der Wallensteinschen Partei offenbar, dem Kaiser klarzumachen, daß er nicht klug tue, sich freiwillig zu entwaffnen, wo doch die Liga nicht daran dachte, dasselbe zu tun, er also ihrem Belieben ausgeliefert sein würde, und er erklärte geradezu, daß er die Armeereduktion nicht in dem Grade habe durchführen können, wie er anfänglich beabsichtigt hätte.

Im Anfang des folgenden Jahres (1629) erneuerten die Kurfürsten ihren Angriff. Es war das Jahr, wo der Kaiser durch die Veröffentlichung des Restitutionsediktes auf seine Art Gewinn aus Wallensteins Auftreten im Reiche zog und damit das erreicht sah, worauf es ihm hauptsächlich ankam. Zudem wurde im Mai der Friede mit Dänemark abgeschlossen, und da man ohnehin am Hofe nach Wallensteins Ausdruck alle Präparationen einstellte, sowie ein paar Fliegen umgebracht waren, fing Wallenstein an, dem Kaiser weniger unentbehrlich vorzukommen. Der Herzog fühlte das und verriet ein wachsendes Gefühl der Unsicherheit in seinen brieflichen Äußerungen. Es machte ihm Sorgen, daß Eggenberg im Frühling nach Steiermark reisen wollte; im Reich drohten wohl keine Gefahren, aber vom Hofe könnten in seiner Abwesenheit solche Resolutionen kommen, daß alles über und über gehen müßte; und wenn er sich auch durch Werdenberg vertreten ließe, so würde das noch nichts nützen, denn die anderen, das heißt die Gegner, würden ihm bald das Fazit machen. Seine Auffassung der allgemeinen Lage wurde immer trüber, vielleicht weil mit der Gefahr, die dem Kaiser drohte, auch seine Wichtigkeit für ihn zunahm, gewiß aber auch im unwillkürlichen Zusammenhang mit seiner sorgenvollen Stimmung.

»Vonnöten ist, das der Herr Bruder auf Wien kommt,« schrieb er im März 1630 an Collalto, »denn geschehen große Confusionen in viel Sachen, der Fürst kann sich nicht in allem opponiren.« In der Einsicht, mehr Krieg mit einigen Ministern als mit allen Feinden zu haben, wie er sagte, wünschte er seine wenigen Freunde auf dem Kampfplatz zu wissen und war sehr enttäuscht, als Collalto nach Italien zum Mantuanischen Krieg abreiste.

Den tiefsten Einblick in Wallensteins Gedankengänge gewährt sein Verkehr mit den Astrologen. Am 3. Januar 1629 schrieb er aus Mecklenburg an Kepler, derselbe würde sich wohl erinnern, wie sie verschiedentlich über eine gewisse Stellung der Gestirne gesprochen hätten und daß Kepler gesagt hätte, es ließen sich zwischen seiner, Wallensteins, Nativität und der des Königs von Ungarn nicht gar gute Konfigurationen sehen. Er habe diese nun auch von anderen Astrologen berechnen lassen und bitte um Keplers Urteil darüber. Am 1. Februar schrieb er in derselben Angelegenheit: »Ich habe den Herrn Fortegierra angesprochen, Ihro Matt. undt dero söhn themata zu erigiren wie auch des Künigs aus Hispanien, neben dieser auch derselbigen Potentaten, so nicht Ihre confidenten sein undt meins, auf das wenn ich in führfallenden occasionen den einen, wie mein pflicht undt schuldikeit mitt bringt, werde dienen wieder die anderen, oder wens die noth erfordern solte müste kriegen, weßen ich mich gegen einen und den andern, Astrologicamente, zu versehen hette; nun bitte ich den herrn ganz fleißig, dieweil er den Ruf des prae unter den mathematicis hatt, er wolle dies alles obs also die aspecti zutreffen calculiren, auch obs um dieselbige Zeit vor oder nacher fallen, undt mir das judicium drüber schicken, insonderheitt aber von dem den Künig aus Hungarn betreffendt, denn mitt derselbigen nativitet findt ich die meiste ungelegenheit … bitt der Herr wolle mir sein discurs, aber nicht obscure, drüber schicken, er wird mich höchlich obligiren.«

Nicht den Kaiser, sieht man, fürchtete Wallenstein am meisten, sondern dessen ehrgeizigen Sohn, der sich ihm unmittelbar und mittelbar in den Weg stellte; mittelbar insofern der Kaiser sich zur Nachgiebigkeit gegen die Kurfürsten entschloß, damit sie ihn zum Römischen König wählten, was sie dann, gewinnend ohne den Einsatz zu zahlen, doch nicht taten.

Während Anfang Juni zu Regensburg der Kurfürstentag zusammentrat, auf welchem der Kaiser die Wahl seines Sohnes, die Kurfürsten die Absetzung Wallensteins durchsetzen wollten, befand sich Wallenstein in Memmingen bei seinem Heere, das angeblich auf dem Wege nach Italien war. Wenn seine Feinde fürchteten oder zu fürchten vorgaben, er werde, je nachdem die Beschlüsse der Versammlung ausfielen, Gewalt gegen sie gebrauchen, so paßte das wohl zu der Vorstellung, die man vielfach von ihm hatte, nicht aber zu ihm, wie er wirklich war. Der Gedanke mag ihm gekommen sein, wie man in Träumereien alle Möglichkeiten zu durchwandern pflegt, die zur Erfüllung eines Wunsches oder zur Abwendung von etwas Gefürchtetem führen; aber es stand von vornherein fest, daß er ein durchgreifendes selbständiges Handeln, das ihn bloßstellte und zu Schande und Untergang führen konnte, seiner Natur nach ablehnen mußte. Es ging sogar das Gerücht, Wallenstein habe erklärt, daß er bereit sei, sich vor den Kurfürsten zu humilieren und in Zukunft von ihnen dependieren zu wollen, und so wenig solche demütigende Worte zu dem Bilde des stolzen, mächtigen Mannes passen, das man sich von ihm zu machen pflegt, kann er sie doch ebenso oder ähnlich gesprochen haben. Wie sein unbekannter Feind von ihm sagte, war er furchtsam; wenn man ihm die Zähne wies, suchte er womöglich einen guten Rückzug zu einem friedlichen Ausweg, um nur die Waffen in der Hand zu behalten. Wie dem aber auch sei, zu welcher vorübergehenden Erniedrigung er gestimmt gewesen sein mag, solange er die drohende Gefahr abwenden zu können glaubte, als die Freunde Questenberg und Werdenberg ihm die Nachricht brachten, daß er abgesetzt sei, empfing er sie mit der ihm eigentümlichen gelassenen Größe, sagte, er sei durch astrologische Berechnungen bereits davon unterrichtet gewesen, bedaure, daß der Kaiser dem Kurfürsten von Bayern nachgegeben habe, unterwerfe sich aber seinem Beschlusse. Sich weder überrascht noch erschüttert zu zeigen, dahin ging bei allen Vorfällen Wallensteins Bemühen, und es gelang ihm auch fast immer; trotzdem glaubte man ihm nicht. Die vorherrschende Meinung war, daß er über Racheplänen brüte. Wie er schon vorher wieder die Absicht angedeutet hatte, sein Amt niederzulegen, so schrieb er jetzt seinen Freunden, er sei froh, der Last entledigt zu sein, und in dem Sinne äußerten sie sich gegen ihn. Es werde seinen Ruhm vermehren, schrieb ihm Piccolomini, wenn man den Unterschied der Erfolge unter dem einen und dem anderen Oberbefehl sähe.

Die Folgerichtigkeit des Geschehens bringt eine zwar nicht sittliche, aber logische Gerechtigkeit mit sich, und so war es leicht vorauszusehen, daß der Kaiser, der sich in höchst unkluger Weise selbst geschwächt hatte und doch die Oberhand behalten wollte, seine Nachgiebigkeit bereuen würde. Es wäre unbegreiflich, daß er in dem Augenblick, wo der König von Schweden ihm den Krieg erklärte und an der deutschen Küste landete, seinen General preisgab, ohne den ersehnten Entgelt der Wahl seines Sohnes dafür zu erhalten, wenn man nicht bedächte, daß er innerlich mehr zu Maximilian und den geistlichen Kurfürsten überhaupt neigte als zu Wallenstein, sowie ferner, daß er, wie Wallenstein auch, die steile Linie der Tat in kleine, glatte, bequeme Windungen auflöste. Hätte er sich den Kurfürsten nicht gefügt, so würden diese sich vermutlich Frankreich in die Arme geworfen haben; es hätte zu einem offenen Kampfe kommen können, während er an die Möglichkeit offenen Widerstandes von Wallensteins Seite nicht dachte; zudem waren die Kurfürsten persönlich anwesend, mit Wallenstein dagegen erledigte er die peinliche Sache brieflich. Um vollends die Täuschung aufrechtzuhalten, als sei eigentlich gar nichts geschehen, fuhr er fort, seinem abgesetzten General die früheren Titel zu geben und ihn geradeso zu behandeln, als sei er noch im Amte; es war dieselbe Methode, deren dieser selbst sich gern bediente, wenn er etwas tat, was er doch nicht geradezu als getan wollte gelten lassen.

In den ersten Wochen nach seiner Absetzung soll Wallenstein über die Maßen melancholisch gewesen sein; es hieß, er esse fast nichts, schlafe wenig, laboriere stetig und behandle seine Leute schlecht, welches letztere immer ein Zeichen von Unlust und Gereiztheit bei ihm war. Sogar unter der Sorge um sein Vermögen, die sich bei Anwandlungen von Melancholie einzustellen pflegt, scheint er gelitten zu haben, da er einen Teil seiner Diener entließ oder entlassen wollte; vielleicht fürchtete er auch, seine Feinde würden sich mit seiner Absetzung nicht begnügen, sondern ihn auch wegen seiner Amtsführung zur Rechenschaft ziehen. Allmählich mit dem wiedererlangten Gefühl der Sicherheit kamen Selbstgefühl und Schaffensdrang wieder; man kann sich vorstellen, daß Wallenstein jetzt recht eigentlich glücklich gewesen wäre.

Die organisatorische Begabung ist der architektonischen verwandt, wie auch fast alle großen Herrscher große Bauherren waren. Wallenstein bevorzugte als Stil die zum Barock sich wendende italienische Renaissance; die Weiträumigkeit, die Verbindung der Architektur mit der Natur, das Phantastische entsprachen zwar seiner Zeit, aber auch durchaus seiner persönlichen Eigenart. In einem seiner Klöster waren ihm sogar die Zellen der Mönche zu niedrig, und er wünschte sie geändert, aber so, »daß es der Architektur nicht praejudicirt«. Die Anlage seiner Parks mußte großartig sein, mit Fontänen, Schwanenteichen, Tiergärten; seine Vorliebe und Fürsorge für Bäume und Tiere hat etwas überaus Anziehendes. Das Schloß zu Sagan sollte das achte Weltwunder, und in ähnlicher, das Hergebrachte gewaltig übertreffender Art sollte die alte Glogauer Burg umgebaut werden. Seinen Untertanen suchte er dieselbe ungestüme Baulust einzuflößen: die Häuser sollten solide, sauber, dauerhaft sein; Trockenheit, Reinlichkeit, gute Luft sollten die Städte auszeichnen. Das mit der Kühnheit des großen Wurfs verbundene liebevolle Eingehen auf das Einzelne zeigt die Liebe des Künstlers für sein Werk, ebenso die leidenschaftliche Ungeduld, es lebendig vollendet zu sehen.

Indessen hätte diese Tätigkeit seinen Expansionstrieb nicht gesättigt. Das eine oder andere Land zu besitzen und zu regieren, darauf kam es ihm ja nicht an, sondern über die ganze Welt ausgespannte Fäden in der Hand zu halten, seine Macht stetig wachsen zu fühlen, zu fühlen, wer und was alles von ihm abhing; nicht nur für seine Untertanen, sondern für Gleichgestellte und Höherstehende der Schiedsrichter und Ausschlaggebende zu sein, auf dem alle Augen gespannt, hoffend, fürchtend ruhten, das war, was ihm die größte Lust bereitete und worauf er nicht verzichten konnte. Infolge der besonderen Umstände war es nun so, daß er als abgesetzter Feldherr mehr Fäden als je in der Hand hielt, und zwar ohne daß er eine bestimmte Entschließung treffen mußte; insofern ist anzunehmen, daß das Jahr von seiner Enthebung vom Amte bis zur zweiten Übernahme desselben, von Ende 1630 bis Ende 1631, das glücklichste seines Lebens war.

Dadurch, daß der Kaiser ihn entlassen, seinen Feinden preisgegeben hatte, daß er also frei war, nicht nur keine Verpflichtung, sondern Anlaß zur Vergeltung hatte, war er ein wesentlicher Faktor in den Berechnungen der Feinde des Hauses Österreich geworden. Die Zahl derer, die sich um ihn bemühten, hatte sich vermehrt, es gab mehr Möglichkeiten für ihn sich auszubreiten, als je. Sobald er die erste Empfindlichkeit über die erlittene Niederlage überwunden hatte, mußte ihm zum Bewußtsein kommen, daß er durch seinen Sturz nicht gefallen, sondern hoch gestiegen war. Keine Siege, keine Eroberungen wurden von ihm erwartet: von der prächtig feierlichen Höhe seines ruhmvollen Daseins sah er die fast von Tage zu Tage wachsende Bedrängnis des Kaisers und der Liga, und wie die Ereignisse mit Notwendigkeit dahin drängten, die Absetzung vor aller Welt als einen verhängnisvollen Irrtum zu enthüllen. Ohne sich zu rühren, hob er sich fortwährend: die Kämpfe der anderen trugen ihn empor. Wie sehr hatte sich seit der Schlacht bei Lutter am Barenberge seine Lage verändert, als Tilly bei Breitenfeld von Gustav Adolf geschlagen wurde! Damals hatte er, so wird erzählt, im inneren eifersüchtigen Groll ein Trinkglas mit der Hand zerbrochen; jetzt sagte er, er würde sich das Leben nehmen, wenn ihm das begegnet sei. Er war nun der Gott, der aus den Wolken steigen mußte, um den Sieg der einen oder der anderen Seite zu verleihen.

Die Anschauungen über Verrat waren im siebzehnten Jahrhundert von den unsrigen sehr verschieden, hauptsächlich deshalb, weil der Staat noch weit mehr Feudalstaat als Beamtenstaat war, und deswegen die Treue mehr von persönlicher Neigung und persönlichem Belieben abhing, als unwidersprechliche Pflicht war. Besonders wenn die im Staats- oder Kriegsdienst befindlichen Herren, hoher oder niederer Adel, sich in ihrer Ehre angegriffen fühlten, trat eine gewisse Verpflichtung, diese zu rächen, der Vasallenpflicht gegenüber. Mißhelligkeiten eines Offiziers mit seinem Vorgesetzten wurden stets von der Gegenpartei ausgenützt. Wallenstein selbst hatte einmal mit einem im dänischen Dienst befindlichen Oberst Fuchs, der geborener Untertan des Kaisers war, Verhandlungen angeknüpft, um ihn, wenn es sonst kein Ergebnis hätte, wenigstens beim König von Dänemark zu diskreditieren. Dies Diskreditieren gehörte zu den üblichen Intrigen. Entschloß sich ein Offizier, zum Feinde überzugehen, war er sicher, dort mit offenen Armen aufgenommen, nicht etwa als ehrlos angesehen zu werden. Die geschädigte Partei allerdings schrie Verrat und strafte, wenn sie seiner habhaft wurde, den Schuldigen mit dem Tode, das versteht sich; aber in dem Täter selbst war das Schuldbewußtsein nicht so lebhaft, daß es als unüberwindliche oder sehr gewichtige Hemmung gewirkt hätte. Kein König scheute sich, Anträge zu stellen, die den, der sie annahm, zum Verräter machten; trugen doch auch Könige und Königinnen kein Bedenken, sich durch Geldgeschenke bestechen zu lassen.

Der merkwürdigste Umschlag, den die Wendung in Wallensteins Laufbahn hervorrief, war der, daß die böhmischen Emigranten, die ihm als einen Treulosen geflucht hatten, anfingen, ihn als ihren Heiland ins Auge zu fassen. Die Personen, welche die Wiederanknüpfung zwischen den Rebellen und dem kaiserlichen General vermittelten, war die Familie Terzky, die dem Unwetter des Jahres 1620 dadurch ausgewichen waren, daß sie sich bequemten, die Messe zu hören. Das bedeutendste Glied der Familie war die alte Gräfin, von der Wallenstein anerkennend sagte, sie sei eine gewaltige Praktikantin und es sei schade, daß sie kein Mann oder ihr Mann nicht wie sie wäre. Beide waren in ihrer Gesinnung protestantisch und antihabsburgisch geblieben, unterhielten heimlichen Verkehr mit den Ausgewanderten und beherbergten die waghalsigen Prädikanten, die sich zuweilen in Böhmen einschlichen. Von den Söhnen war der ältere, Adam Erdmann, in kaiserliche Dienste getreten und hatte eine Schwester von Wallensteins Frau, also eine Harrach geheiratet; es scheint, daß er unternehmend und tapfer, aber ohne feinere Bildung war. Die einzige Tochter der Terzky war mit dem Grafen Wilhelm Kinsky verheiratet. Dieser gehörte einer kaiserfeindlichen protestantischen Familie an, genoß aber den Vorzug, daß er nach der Revolution in Böhmen bleiben durfte, bis er im Jahre 1631 als Kriegsgefangener nach Sachsen kam. Er war nach den Begriffen seiner Zeit gelehrt, von zarter Gesundheit und weniger unternehmend als seine Frau; zu diplomatischer Verhandlung aber hatte er Geschick und Neigung. Die alte Gräfin sah in Gustav Adolf den Retter und Rächer Böhmens; sie hatte sich ein auf Gold gestochenes Bildnis des Königs verschafft und trug es immer bei sich. So wie sie dachten die meisten böhmischen Exulanten, von denen viele in Sachsen lebten. Unbedingtere Anhänger hatte Gustav Adolf auf dem Festlande kaum als diese Heimatlosen, die nichts zu verlieren hatten, aber alles durch ihn gewinnen konnten. Böhmen war von Schweden zu entfernt, als daß sie Eroberungsgelüste von ihm hätten fürchten müssen; sie boten ihm ihr Geld und ihr Schwert, wogegen er ihnen Wiedereinsetzung in ihre Güter und Erhaltung bei ihrem Glauben versprach. Der eifrigste und betriebsamste von allen war wie vor zwölf Jahren Graf Heinrich Matthias Thurn. Er war jetzt 63 Jahre alt, ein erhebliches Alter für einen Soldaten der damaligen Zeit, die früh gebrechlich wurden. Er litt, wie sich von selbst versteht, am Podagra, ohne daß seine Munterkeit und seine Unternehmungslust dadurch beeinträchtigt worden wären. »Allein es geht mir wie den Mauerschwalben,« schrieb er im Mai 1632 an Gustav Adolf, »wenn sie aufs Fletz fallen, so können sie ohne Hülfe nit aufstehen; wann man sie aber in die Höhe schwebt, so fliehen sie wacker fort. So geschieht mir auch: durch eine kleine Hülfe aufs Roß will ich allegrement reuthen.« Mit den Terzkys war er, abgesehen davon, daß er ihren Glaubenswechsel kaum gebilligt haben wird, wegen einer Geldangelegenheit verfeindet; sowie sich aber die Aussicht auf gemeinsames Praktizieren bot, erklärte sich die Gräfin bereit, Thurns Ansprüche zu erfüllen, und er, seinen Unwillen fahren zu lassen. Sein Mund überströmte nun von ihrem Lobe. Immer geneigt, von einer gegen jemanden gefaßten Abneigung zum Wohlwollen überzugehen, wurde er auch bald Wallensteins, der meineidigen Bestie, überzeugter Anhänger und unterzog sich der Aufgabe, zwischen ihm und Gustav Adolf eine Verbindung herzustellen.

In was für ungeheure Weiten strömten Wallensteins Gedanken, wenn sie den Stimmen nachgingen, die von allen Seiten laut und leise ihn lockten!

Schon ein halbes Jahr nach seiner Absetzung konnten seine Freunde sich mit ihm kostbar machen, indem sie den Kaiser fühlen ließen, daß es zwar ohne Wallenstein nicht weitergehe, daß man sich aber kaum Hoffnung auf seine Geneigtheit machen dürfe. Es war ein schwindelnder Triumph, wenn die, die ihn bekämpft, beleidigt, erniedrigt hatten, sich nun vor ihm beugen und ihn anflehen mußten, den Feldherrnstab wieder zu ergreifen, den sie ihm selbst aus der Hand gewunden hatten. Soviel Zauber diese Wendung für Wallenstein haben mußte, der Entschluß war unendlich schwierig. Erstens fragte sich, ob er imstande sein würde zu tun, was von ihm erwartet würde: den König zu besiegen. Sicher fühlte sich Wallenstein dessen durchaus nicht; die Möglichkeit des Unterliegens wird er kaum auszudenken imstande gewesen sein. Besiegte er ihn aber, was folgte dann? Dann würden seine nur durch die Not versöhnten Feinde sich von neuem gegen ihn wenden, und er sah sich wieder auf die unzuverlässigen Stützen kaiserlicher Dankbarkeit und männlich-höfischer Freundschaft angewiesen.

Leidenschaftliche Gefühle und Stimmungen persönlicher Art überwogen bei Wallenstein die sachliche Erwägung des Staatsmannes; doch ist es nicht anders möglich, als daß er die Ziele und Ergebnisse seines künftigen Handelns auch vom politischen Standpunkt aus betrachtete.

Er hatte bis zu seinem Sturze sich, mehr oder weniger bewußt, des kaiserlichen Namens als des erlauchtesten der Christenheit bedient, um seine ungeheure Machtlust zu maskieren; der Kurfürstentag von Regensburg mußte ihn darüber belehrt haben, daß er sich mit dem Kaiser nur identifizieren konnte, wenn er auf eine herrschende Stellung im Reiche verzichtete. Obwohl er nicht eigentlich staatsmännischen Prophetenblick besaß, muß es sich ihm aufgedrängt haben, daß die Elemente zu einer etwaigen staatlichen Neubildung auf norddeutsch-protestantischer Seite lagen; aber wenn ihn dies Gefühl oder diese Einsicht zur protestantischen Partei hindrängte, so konnte es doch nicht sein, um sich ihr hinzugeben, sondern um sie zu beherrschen, wie er die kaiserliche oder die ligistische Partei hätte beherrschen mögen. Hätte er so viel Kraft besessen, wie er Trieb und Gabe zur Herrschaft besaß, hätte die Entscheidung sich von selbst gegeben; nun aber waren dieses Adlers Schwingen gebrochen. Der unbekannte Zergliederer seines Charakters hatte mit Recht von ihm gesagt, er bedürfe zweier Dinge, um seine Ziele zu verwirklichen, der Macht und des Rechtstitels; ohne den Rechtstitel, den ihm die Befugnisse des kaiserlichen Generalissimus verliehen, fühlte er sich ohnmächtig. Er glich einem Schiffer, der das hohe Meer nicht gewinnen kann, weil er sich die schützende Küste zu verlassen nicht getraut: er sehnte sich hin, immer wieder faßte er Mut, aber im Innersten wußte er, daß es sein Untergang sein würde.

Das Äußerste, was Wallenstein sich zu eigen machen konnte, war der Plan, den Kaiser zu einer vermittelnden Politik zu zwingen; aber auch diesen erfaßte er nur in Gedanken, ihn auszuführen war er für seine Natur zu verwegen. Da er Fürst war, hätte er so gut des Kaisers Gegner werden können wie etwa der Landgraf von Hessen, der es ertrug und ertragen konnte, vom Kaiser als Rebell behandelt zu werden; aber Wallenstein, der nicht geborener Fürst war und den Fehler der Geburt nicht durch Kraftgefühl ersetzte, hätte es nicht ertragen. Von seiner großen Intelligenz durfte man erwarten, daß er nach seinem Sturze das Generalat nicht wieder übernahm oder, wenn er es tat, entschlossen war, entweder des Kaisers treuer Diener zu sein oder ein Rebell zu werden. Zum Diener war er zu groß, zum Rebellen zu schwach, zu leidenschaftlich und zu reizbar, um allen Verführern zu widerstehen. Die moralische Keuschheit, die sich vom öffentlichen Treiben fernhält, im Gefühl, wie schwer es ist, sich darin durchaus rein zu erhalten, besaß er nicht; aber ebensowenig die Naivität, die sich mitten hinein wirft, weil sie weiß, daß die Kraft und der Erfolg Befleckungen tilgen können.

Diese Naivität besaß Gustav Adolf, dem kein Unrecht, kein Widerspruch von seiner Größe und seinem Glanze nehmen kann. Es ist leicht, ihm Gewalttätigkeit und Unwahrhaftigkeit nachzuweisen; denn zu seinen Reden, in denen er sich als selbstloser Freund der deutschen Glaubensgenossen, als Retter der evangelischen Kirche rühmte, standen seine Handlungen in beinahe komischem Widerspruch; aber es ist kein anderer Widerspruch oder Gegensatz, als der in jedem Menschen und besonders stark in jedem großen Menschen ist, daß er zugleich Eroberer und Sichopfernder ist. Er fühlte sich nicht falsch und lächerlich, wenn er den deutschen Fürsten ihre Selbstsucht, Kleinlichkeit und rechnende Schäbigkeit und seine eigene Großmut vorhielt, da er ja, was immer er erstrebte, auch jeden Preis dafür zu zahlen willens war. Wie anders als Wallenstein verkehrte Gustav Adolf mit den mächtigen deutschen Stadtrepubliken, von deren Reichtum die Kriegführenden der Zeit in hohem Grade abhängig waren. Wallenstein schonte sie zwar tatsächlich, weil er sie fürchtete; aber er kehrte im persönlichen Verkehr immer den im Besitze der Macht und des Rechtes befindlichen, höchstens herablassenden Herrn hervor. Sicher in seinem menschlichen und königlichen Kraftgefühl zeigte Gustav Adolf rückhaltlos seine Bedürftigkeit und seine Dankbarkeit; er drohte unverhohlen wie ein gewaffneter Feind und erkannte treuherzig seine Verpflichtung an wie ein Mensch, den man in der Not nicht verlassen hat. Um diese Rolle spielen zu können, war Wallenstein viel zu wissend, viel zu entrückt. Er hatte schaudernd in den Abgrund seiner Seele hineingeblickt und bewegte sich behutsam, um ihn den anderen zu verhüllen. Er blieb den Menschen ein unergründliches Geheimnis, indem er sie von sich fernhielt; Gustav Adolf gab sich rückhaltlos hin, und jeder liebte und verstand ihn, so wie er verstanden sein wollte, selbst gegen den augenblicklichen Augenschein und den Einspruch des Verstandes.

Das Auftauchen des nördlichen Gestirns hatte Wallenstein von Anfang an erregt; er hatte es zurückzuhalten gesucht, aber genau gewußt, daß er es nicht ganz abwenden konnte. Achtsam verfolgte er den gewundenen Gang, der sich ihm näherte, der zu einem verhängnisvollen Zusammenstoß führen und mit dem Untergang des einen oder des anderen enden mußte. Fast schien es, als ob das Schicksal selbst die furchtbare Begegnung vermeiden wolle; denn Wallenstein wurde in dem Augenblick aus seiner Bahn gelenkt, als Gustav Adolfs flammender Aufstieg begann. In Wirklichkeit war es nur ein Zurückziehen, wie große Feldherren vor einer Entscheidungsschlacht die nächtliche Einsamkeit aufsuchen, um mit ihrem Dämon Zwiesprache zu halten. Aber Wallenstein beriet kein Dämon; er phantasierte allein auf der verdunkelten Bühne, und als es dämmerte, wußte er noch nicht, was für Worte er sprechen würde, wenn am Morgen der Vorhang aufrollte.

Gustav Adolf war es zufrieden, den gefürchteten kaiserlichen General auf seine Seite zu ziehen, und unterließ es nicht, ihm auf die Nachricht von seiner Absetzung einen Beileidsbrief zu schreiben, in welchem er die Undankbarkeit des Kaisers hervorhob und, wie es in solchem Falle selbstverständlich war, Gelegenheit zur Anknüpfung bot; aber so wichtig war ihm Wallenstein nicht wie dem Hauptvertreter der böhmischen Interessen, dem alten Grafen Thurn. Was Gustav Adolf brauchte, war Geld, und das war ihm von Frankreich zugesichert worden; übrigens verließ er sich auf die eigene Kraft und die Hilfe seiner natürlichen Bundesgenossen im Reiche, der Evangelischen. Im Unterschiede zu Wallenstein hatte er keinen Sinn für das bloße Spiel mit Möglichkeiten und den Genuß des Machtgefühls in der Phantasie; auf weitabliegende und ungewisse Mittel verwendete er keine Kraft. Vollends nach dem Siege bei Breitenfeld war ihm nicht viel mehr an dem zweifelhaften Bundesgenossen gelegen, der trotz deutlicher Worte immer in einem unerklärlichen Zwielicht blieb; er ließ ihm nun sagen, er könne ihm nicht die früher versprochenen 10 bis 12000 Mann, höchstens 1500 schicken.

Es ist eigentümlich, wie sich gleichzeitig auch Wallensteins Stellung vorteilhaft veränderte und verändern mußte; denn des Königs von Schweden Erfolge drängten den Kaiser zu seinem siegreichen General zurück. So hob sich Wallensteins Macht in demselben Maße wie die Gustav Adolfs, und beide bedurften einander gleichzeitig weniger. Wallenstein war klug und spürsinnig genug, um zu fühlen, daß Gustav Adolfs Eifer, ihn zu gewinnen, nicht so lebhaft war wie der des alten Thurn, und er empfand das als Kränkung. Er wollte gesucht werden, nicht suchen, obwohl es andrerseits auch sein Mißtrauen und seine Verachtung erregte, wenn er sich sehr dringend gesucht wußte. Es ist nicht abzusehen, wie sich das Verhältnis zwischen Gustav Adolf und Wallenstein hätte gestalten sollen, da doch keiner sich dem andern hätte unterordnen wollen und können. Im Grunde war Gustav Adolf in höherem Maße Wallensteins Nebenbuhler als Ferdinand; denn dieser war ihm nur durch seine Titel furchtbar, nicht durch seine Kraft, dieser hielt nur fest, während Gustav Adolf und Wallenstein beide begehrten, und zwar beide dasselbe. Sie konnten deshalb, sowie sie siegten, nur Gegner sein. Zunächst aber war bei Gustav Adolf das Wagnis größer, bei Ferdinand der Gewinn sicherer, und von Wallenstein wußte man, daß er niemals das Gewisse für das Ungewisse aufgab. Wäre nicht das Mißtrauen und die Rachsucht gewesen, würde Wallenstein damals nicht ernstlich geschwankt haben; diese Gefühle machten die von Gustav Adolfs Seite sich bietenden Möglichkeiten für ihn erwägbar.

»Das wäre ein Schelmstück«, soll Wallenstein gesagt haben, als Bubna, ein böhmischer Exulant, ihm im Mai 1632 von der Erwerbung der Krone Böhmens sprach. Das ist der Wallenstein, der unbedenklich wie ein Kind herausplaudert, was ihm durch den Kopf geht, vielleicht weil der Wein ihm die Hemmungen weggenommen hatte, vielleicht weil die Gesellschaft eines ehemaligen Schulkameraden ihn zutraulich stimmte; Tatsache ist es, daß der verschlossene Mann sich zuweilen in den unvorsichtigsten Äußerungen erging. Man sieht aus diesen hingeworfenen Worten, daß Wallenstein kein Rebell war; denn während ein solcher vom Gefühle seines Rechtes durchdrungen ist, traf Wallenstein zunächst der Gedanke an das Unrecht, das er begehen würde. Er hatte ja auch selbst den Kurfürsten von der Pfalz als Rebellen betrachtet, der sich weit eher ein Recht auf die böhmische Krone zuschreiben konnte, als das Wallenstein möglich gewesen wäre; aber einem, dem wirklich der Sinn danach gestanden hätte, würde es an Gründen nicht gefehlt haben, warum sie ihm zukäme. Trotz seiner Verachtung, seiner Rachsucht, seines Argwohns, wider Willen fühlte er sich dem Kaiser verpflichtet.

Ausschlaggebender noch war der Zweifel, ob der Anschlag gelingen könne. Einer der böhmischen Unterhändler sagte über ihn, er sei so ehrgeizig, daß er nichts verweigern würde, wenn er sähe, daß es sicher ausgeführt werden könne. Wer sollte ihm aber diese Sicherheit geben, wenn er sich selbst ausschloß? Sein kühler, eher ängstlicher Blick überschätzte die Erfolgsmöglichkeiten der böhmischen Emigranten und im Lande gebliebenen Protestanten nicht, wie sie selbst es taten. Er wird auch um so weniger haben vergessen können, daß sie ihn vor kurzem noch haßten, als er sich gar nicht so sehr verändert hatte, wie sie wünschten und glaubten.

Folgende werden als die Gründe angeführt, aus welchen die böhmischen Protestanten den Herzog von Friedland zu ihrem Könige geeignet fanden. Er sei mit fast allen Magnaten verwandt und dazu ein Fürst; Böhmen sei in seiner Gewalt, er sei alt und kränklich und habe keine Erben; er werde Gewissensfreiheit gestatten, weil er sich um keine Religion besonders bekümmere, und er sei den Jesuiten spinnefeind. Schließlich fanden sie merkwürdigerweise, er sei tenax verborum et fidei.

Glaubten die Böhmen so bei dem Wallensteinschen Regimente ihren Vorteil zu finden, sagten sich viele von ihnen selbst, daß nicht ersichtlich sei, was umgekehrt ihn veranlassen sollte, seinen reichen böhmischen Landbesitz, der ja größtenteils den wiederkehrenden Emigranten zurückgegeben werden müßte, für eine ziemlich wertlose Krone aufzuopfern? Darüber beruhigten sie sich, indem sie seinen Ehrgeiz sehr hoch veranschlagten. Man fühlte im allgemeinen richtig, daß Wallenstein, obwohl auf Geld und Besitz erpicht, doch darüber hinaus nach etwas Höherem strebte. Er zeige sich, sagte der Kardinal Rocci, der ihn während des Kurfürstentages, im Sommer 1630, in Memmingen aufsuchte, nicht nur nach Ländererwerb, sondern auch nach Ruhm begierig, und es freue ihn sehr, wenn man ihm sage, daß er durch seine Tüchtigkeit und Klugheit das Reich in einen guten Zustand versetzt habe.

Die bedeutungsvollen Vorschläge der böhmischen Unterhändler, die in Heimlichkeit zu ihm schlichen, beantwortete Wallenstein nach seiner Art so, daß er alles hoffen ließ, ohne irgend etwas zu versprechen. Glaubte der erwartungsvoll Aufhorchende eben ein Wort aufgefangen zu haben, das des Herzogs volles Einverständnis verriet, so nahm er es gleich darauf zurück oder schränkte es ein. Die Bitte um eine entscheidende Tat, die seinen Willen unzweifelhaft kundtäte, wies er rund als zu unvorsichtig zurück; es sei noch nicht an der Zeit. Ebenso ließ er sich nicht bewegen, etwas Schriftliches von sich zu geben, das ihn bloßgestellt hätte, wobei das merkwürdig und charakteristisch ist, daß er der anderen Partei ähnliche Vorsichtigkeit zum bittersten Vorwurf machte. Dem Unterhändler Rasin, der zwischen ihm und Gustav Adolf hin und her ging, sagte er geradezu, er solle auf der Hut sein, daß er sich nicht fangen lasse; denn er, Wallenstein, werde alles ableugnen, was ihn angehe, und das Vorgefallene so darstellen, als habe Gustav Adolf vergebliche Versuche gemacht, ihn auf seine Seite zu ziehen.

Wallenstein sagte einmal zu Gesandten, mit denen er verhandelte, er habe von Jugend auf die göttliche Allmacht gebeten, ihm die Gnade zu verleihen, die Wahrheit zu reden; dessen habe er sich auch immer beflissen, und niemand könne ihn mit Wahrheit beschuldigen, daß er etwas versprochen und nicht gehalten hätte. Ist das als eine der hochtrabenden Redensarten zu betrachten, die die Fürsten der Zeit ihren Lügereien voranzustellen pflegten? Dem widerspricht, daß die Äußerungen und Handlungen Wallensteins ihr eigenes Gepräge trugen, daß er mindestens seine eigene Art und Weise hatte, die Menschen irrezuführen; dem widerspricht aber auch, daß er diplomatischen Bittstellern zum Beispiel rundheraus abzuschlagen pflegte, was er nicht willens war zu tun, und das zu versprechen, was er für gerecht und tunlich hielt. Abgesehen von den Fällen, wo die politische Notwendigkeit Lügen oder Verheimlichen verlangte, läßt sich annehmen, daß Wallenstein wahr war, wenn er wahr sein konnte, das heißt, wenn er etwas Sicheres über sich, seine Ansichten und Absichten aussagen konnte, wenn er wußte, was er wollte. Während seiner einander widersprechenden Verhandlungen mit den verschiedenen Parteien, bevor er das Generalat wieder übernahm, war die Absicht zu täuschen nicht der Ausgangspunkt seines Verhaltens; er wollte sich nur die Wahl offen lassen, die im Augenblick zu treffen ihm unmöglich war. Nach keiner Seite zog es ihn übermächtig, weder zum Kaiser noch zu dessen Feinden, und manchmal wird er sich eingeredet haben, er könne der Entscheidung ganz aus dem Wege gehen, indem er alles ablehnte, still in der Zurückgezogenheit bliebe; das werden die Augenblicke gewesen sein, wo er sich krank und dem Tode geweiht fühlte.

Diejenigen haben unrecht, die glauben, er habe seine Krankheit nur als Vorwand benutzt, um sich kostbar zu machen, in Wahrheit habe er ungeduldig dahin getrachtet, die Macht wieder in die Hand zu bekommen. Nach Machtausbreitung mußte er streben, solange er atmete; zugleich aber war, seit Jahren schon, das Sterben in ihm und äußerte sich als Sehnsucht nach Ruhe. Von der Bedenklichkeit seines Zustandes war so viel bekannt geworden, daß er während seiner letzten Lebensjahre mehrmals totgesagt wurde; die mit ihm verhandelten, pflegten die Möglichkeit seines Todes in Betracht zu ziehen. Schon im Jahre 1625 lag er mehr zu Bett, als daß er gehen konnte, und dies Verhältnis verschlimmerte sich fortwährend. Ein Wallenstein sehr geneigter Jesuit erzählte später, der Herzog habe gewußt, daß er nur noch zwei Jahre zu leben habe, und zog den Schluß daraus, der Todkranke könne unmöglich nach der böhmischen Krone gestrebt haben. Umgekehrt berichtete ein böhmischer Emigrant, der Herzog habe ihm gesagt, da er höchstens noch sechs Jahre leben werde, sei es ihm nur um Erlangung eines großen Namens zu tun, und das könne er am besten dadurch, daß er Böhmen von der habsburgischen Herrschaft befreie. Das eine bleibt gewiß, daß er sehr krank war und sich, wenn auch nicht immer und nicht immer gleich deutlich, seinem Ende nahe fühlte. Schon während seines ersten Feldzuges im Reich waren ihm Anwandlungen von Müdigkeit und Überdruß gekommen, die ein neuer Aufschwung und Angst vor dem Verdrängtwerden, vor der Nichtigkeit wieder überwand. So fehlte ihm auch jetzt das unmittelbare Mitwirken an den Ereignissen, kam er sich ausgeschlossen, vom Leben weggedrängt vor und war es ihm zumute, als hänge mit dem Feldherrnamte, wenn er es wieder hätte, die Jugend und das Glück zusammen; aber wenn er krank, unter Schmerzen oder durch Schmerzen ermattet, nicht mehr Herr seines Körpers im Bett lag, wird ihm zum Bewußtsein gekommen sein, daß die Kraft, die das Glück unwiderstehlich an sich reißt, die er im Felde kaum je besessen hatte, auf immer für ihn verloren war.

Wie es schwache Menschen zu tun pflegen, ließ er es darauf ankommen, wohin die Ereignisse, das heißt die anderen Menschen, ihn treiben würden, sie nur durch seinen unausgesprochenen Wunsch beeinflussend; und sie trieben ihn dahin, wo zunächst die geringere Gefahr und die größere Sicherheit für ihn war, nämlich zum Kaiser. Den Ausschlag gab, daß der König von Schweden, wie erwähnt, dem Herzog den früher versprochenen Zuzug nicht schicken wollte und daß durch einen unvorsichtigen Brief Thurns, der in unrechte Hände kam, ein Verdacht auf Wallenstein fiel, den er sofort durch die Tat widerlegen zu müssen glaubte.

Zu den üblichen psychologischen Künsten der Zeit gehörte es, daß man die schlauesten Pläne mit der Larve der Einfalt bedeckte, woraus das für die Deutschen einer gewissen Kulturstufe charakteristische Gemenge der Dummpfiffigkeit entstand. So ist es nicht leicht zu unterscheiden, ob es wirklich nur törichte Sorglosigkeit des alten Grafen Thurn war, daß er das wichtige Geheimnis nicht besser bewahrte, oder ob er den unschlüssigen Mann zur Ausführung seiner schwankenden Willensregungen zwingen wollte, indem er ihn bloßstellte. So wie des Friedländers Gleichgewichtslage in Wirklichkeit war, konnte dieser plumpe Druck ihn nur auf die entgegengesetzte Seite treiben: Wallenstein war der willkommene Anlaß gegeben, sich öffentlich kaiserlich zu erklären. Gleichzeitig hob er aber diese Tat auf, indem er der andern Partei sagte, seine Gesinnung sei unverändert; es müsse nun auf andere Art gehen, und vielleicht gehe es besser, wenn er das Regiment in der Hand habe.

Damit befolgte Wallenstein das Verfahren, das er später wiederholte, so daß man es Methode nennen könnte, daß er, zwischen zwei entgegengesetzten Parteien stehend, nachdem er sich eben für die eine von ihnen erklärt hatte, sich plötzlich umwendete und zur anderen überging, um sich mit dieser auf jene zu werfen. Man könnte dies die ihm natürliche, angeborene Lage nennen, indem der schwache Mensch Scheu trägt, sich nur oder hauptsächlich auf einen einzigen zu stützen, der dadurch unentbehrlich oder allzu mächtig werden könnte; während zwei, die man gegeneinander ausspielen kann, sich gegenseitig in Schach halten.

Außer mit Schweden hatte Wallenstein auch mit Sachsen unterhandelt, und zwar öffentlich im Auftrage des Kaisers, unter diesem Deckmantel aber auch im eigenen Sinne, der mit den Absichten Ferdinands nicht übereinstimmte. Der sächsische Unterhändler war jener Arnim, der, bis zum Jahre 1629 Feldmarschall und Wallensteins Günstling, nach einer Mißhelligkeit mit dem General den kaiserlichen Dienst verlassen hatte.

Der eigentliche Grund war jedenfalls der, daß Wallenstein Arnim nach Polen schickte, um den König gegen Gustav Adolf zu unterstützen und diesen dadurch zu binden; daß aber Arnim erstens ungern in Polen Krieg führte, was für die Deutschen etwa so viel wie Verbannung in ein barbarisches Land bedeutete, und daß er wohl auch seinem ehemaligen Kriegsherrn, dem König von Schweden, nicht als Feind gegenübertreten mochte. So gehorchte er widerstrebend und ergriff einen geringfügigen Anlaß, um sich gekränkt zu zeigen. In irgendeiner Angelegenheit schickte er, anstatt selbst zu erscheinen, einen Vertreter zu Wallenstein; denn er wisse, entschuldigte er sich, daß er bei Wallenstein in bösem Konzept sei, da aber Wallenstein darin dissimuliere, wolle er auch nicht davon sprechen. Seinerseits beleidigt, vielleicht weil er sich getroffen fühlte, entgegnete Wallenstein, wenn er, Arnim, wirklich bei ihm in bösem Konzept wäre, würde er das Herz wohl haben, ihm das anzudeuten, »alß woll wir wollten, daß Er sich keiner dissimulation gebrauchen, sondern vielmehr die vermainten schmaichler und falsche Zeitungsträger namhafft machen thete«.

Gegen Collalto, mit dem er damals längst vollkommen ausgesöhnt war, äußerte sich Wallenstein, er habe in seinem Leben mit keinem Menschen mehr patience gebraucht als mit Arnim; der habe aber fast alle Monate, wenn ihm das Geringste in den Kopf gekommen sei, dem Kaiser den Stuhl vor die Türe setzen wollen, da habe er schließlich einmal ein Ende gemacht.

Die beiden mißtrauischen, vorsichtigen Männer trennten sich jedoch in Güte und unter Bewahrung höflichster Formen: Arnim schützte Krankheit vor und zog sich auf seine Güter zurück; erst als Gustav Adolf erschien, trat er in sächsischen Dienst. Als nun Wallenstein in so verändertem Verhältnis zu seinem einstigen Feldmarschall wieder in Beziehung trat, geschah das in solcher Art und Weise, daß sich bald die Meinung verbreitete, es bestehe zwischen beiden eine besondere Liebe. Daß dies mehr oder weniger der Fall gewesen sei, muß man in der Tat annehmen: jeder legte ungemein viel Gewicht auf den anderen und hatte die beinahe abergläubische Meinung, daß es ohne den anderen nicht gehe.

Keine Minute werde er versäumen, schrieb Arnim an Wallenstein vor der ersten Zusammenkunft, die im November 1631 stattfand, »dan Ich von herzen selbsten verlange, E. F. G. im guetten wolstand wieder zu sehen und aufs neue zu versichern, daß ohne einiges Wanken Ich biß in meine grube verbleibe« usw.

Das freundschaftliche Verhältnis wurde nicht dadurch beeinträchtigt, daß Wallenstein das Generalat wieder übernahm; denn die Verhandlungen mit Sachsen wurden trotzdem fortgesetzt und vom Herzog mit besonderer Vorliebe gepflegt, da er ja, vom Kaiser beauftragt, nichts dabei wagte. Selbst im Falle, daß er seine Vollmacht überschritt, beging Wallenstein für sein Gefühl durch den Zusammenschluß mit einem deutschen Kurfürsten, der stets kaisertreue Politik befolgt hatte, kein solches Unrecht wie durch die Beziehungen zu Schweden.

Die Gegner des Friedländers stimmten durchaus nicht für seine Wiedereinsetzung und erinnerten daran, daß er geschworen habe, eher des Teufels zu werden, als dem Kaiser noch einmal zu dienen. Sie wünschten, den Sohn des Kaisers an die Spitze des Heeres zu stellen, und mahnten Ferdinand, wie es Gott, »der so wunderbarlich bis dato geholfen«, erzürnen werde, wenn er einen Teufelsergebenen einem gottesfürchtigen, frommen Fürsten vorziehen sollte. Dies war sicherlich ganz im Sinne des Kaisers gedacht, der doch andererseits die Verantwortung für seinen Sohn zu übernehmen sich scheute. Auch er ließ sich gern von den Ereignissen treiben; im Augenblick glaubte er sich durch Wallenstein am leichtesten aus der drückenden Lage zu befreien, in die er geraten war, und zahlte deshalb bereitwillig jeden geforderten Preis, späteren Zufälligkeiten die endgültige Lösung der eingegangenen Verpflichtungen überlassend. Eggenberg und Questenberg, wenn sie gewiß auch bei ihrer Anhänglichkeit persönlichen Vorteil fanden, handelten im guten Glauben an Wallensteins überlegene Fähigkeiten und unbedingte Treue. Sie selbst tadelten und kritisierten den Kaiser aus vollem Herzen, mit dem sie doch unzertrennlich eins waren; dasselbe Verhältnis setzten sie bei ihrem Freunde voraus. Sie trauten ihm wohl zu, daß er einmal etwas Gewaltsames gegen den persönlichen Wunsch und das persönliche Interesse des Kaisers täte; daß er aber gegen das Interesse der Dynastie, Österreichs und des Glaubens handeln könnte, daran dachten sie nicht, wie es auch wirklich Wallensteins Verfassung nicht entsprach.

Sich unabsetzbar zu machen, gelang dem Herzog nicht; dagegen versprach der Kaiser, was ihm vielleicht am schwersten fiel, sich in allen den Krieg und die Heeresleitung betreffenden Fragen nicht mehr von seinem Beichtvater oder anderen Geistlichen beraten zu lassen. Über den Frieden zu verhandeln, erhielt der General das Recht, nicht aber, wie sich von selbst versteht, ohne Einwilligung des Kaisers abzuschließen. Am bedeutendsten war es, daß kein Heerführer im Römischen Reich von ihm unabhängig auftreten durfte und daß der Kaiser nicht das Recht hatte, ohne seine Mitwirkung Offizieren Befehle zu erteilen. So ungewöhnlich und fast erschreckend aber diese Machtfülle war, mußte sich Wallenstein doch sagen, daß sie ihn im Grunde nicht so sicherstellte, wie es ihm Bedürfnis gewesen wäre. Hätte der Kaiser selbst versprochen, ihn in keinem Falle abzusetzen, so fragte es sich, ob er sich daran gebunden gehalten hätte. Wie sich kein schriftlicher Vertrag über Wallensteins Rechte und Pflichten bei der zweiten Übernahme des Generalats gefunden hat, vielleicht also auch keiner oder nur ein geheimer da war, so legte man damals überhaupt alle Beziehungen zwar genau fest, aber unter dem selbstverständlichen Vorbehalt, sich unter Umständen nicht darum zu kümmern. Wie die Menschen selbst im Flusse waren, so ließen sie sich auch mehr Möglichkeiten im Handeln oder drängten sie etwaige Verträge beiseite, durch die sie sich gebunden hatten. Tatsächlich hielt sich der Kaiser durchaus nicht an seine Versprechungen, und es wurde Wallenstein sehr verdacht, daß er auf ihrer Erfüllung bestand. Ohne Zweifel erkannte er das von vornherein und legte deshalb keinen großen Wert auf die neuen Abmachungen. Er war durch und durch von Mißtrauen erfüllt, mußte folgerichtigerweise, wenn er nicht zurücktreten wollte, entschlossen sein, sich dem Kaiser zu widersetzen. Auch behielt er sich das vor und meinte es ernst, wenn er es den Sachsen und Schweden wiederholte; nur daß er zum endgültigen Entschlusse nicht den Mut und die Kraft fand.

Ganz wie im Jahre 1624 band sich Wallenstein zuerst nur auf drei Monate, um in dieser Zeit dem Kaiser ein Heer zu errichten, und ließ sich dann zur Übernahme der Heerführung erbitten; er liebte es ja, erst nach längerem Sichspreizen zu gewähren. Es war im Frühjahr 1632, um die Zeit, als Gustav Adolf im Anzuge gegen Bayern war, dessen Kurfürst den Gedanken an eine Verständigung mit Frankreich und Schweden aufgegeben und sich dem Kaiser wieder genähert hatte. Die Demütigung Maximilians, jetzt im Felde dem Oberkommando desselben Wallenstein untergeordnet zu sein, dessen Absetzung er vor zwei Jahren durchgesetzt hatte, war außerordentlich; aber in jener Zeit, wo von Fürsten- und Kavalierehre so viel gesprochen wurde, fiel auch dem Stolzesten würdeloses Krümmen und Sichbeugen nicht schwer. Durch Vermittelung eines Geistlichen ließ er dem Herzog sagen, die Ereignisse von Regensburg seien nicht etwa auf sein Betreiben erfolgt, sondern gegen seinen Wunsch; er suchte die Schuld auf den Kurfürsten von Mainz abzuwälzen. Seinerseits versprach Wallenstein, gutes Einverständnis mit dem Kurfürsten zu halten; aber er hatte kaum sein Amt angetreten, als seine Abneigung oder sein mangelndes Interesse sich deutlich zeigte. Die flehenden Bitten des Kurfürsten und Tillys um Hilfe beantwortete er mit Versprechungen, denen aber die Tat nicht folgte, so daß die wachsende Angst der ohnmächtig Hingehaltenen und Betrogenen im Gegensatz zu Wallensteins gleichgültiger Unbeweglichkeit ein peinlich tragikomisches Schauspiel gibt. Zur Erklärung seines Verhaltens konnte Wallenstein anführen, daß er sein eben geschaffenes Heer zusammenhalten und zu einem entscheidenden Schlage tüchtig machen wollte; da er immer ängstlich war und sich ohne Übermacht nichts vorzunehmen getraute, ist es glaublich, daß er gerade jetzt mit seinen Kräften geizte. Allein die Art und Weise, wie er höflich versprach und in Aussicht stellte und gleichzeitig seinen Offizieren streng verbot, vorzurücken, verrät sein feindseliges Gefühl und die ihm eigentümliche Neigung, mit den Menschen wie die Katze mit der Maus zu spielen.

Bei der ersten persönlichen Begegnung der versöhnten Gegner, die mit begreiflicher Spannung beobachtet wurde, fiel es auf, daß der Kurfürst besser zu dissimulieren verstehe als Wallenstein, der viel zu stolz, zu leidenschaftlich, eine viel zu starke Persönlichkeit war, um sich persönlich verstellen zu können. Er gab sich in jedem Augenblick so wie er war, und wer nur nach persönlichen Eindrücken ging, wird immer gewußt haben, wie er mit ihm daran war; freilich nur in eben dem Augenblick.

Wallensteins Kriegführung erwies sich als die richtige: er eroberte Böhmen zurück, und wenn er auch Sachsen nicht endgültig von Schweden trennen konnte, so gelang es ihm doch, Gustav Adolf mißtrauisch zu machen und Arnim zu »discreditiren«. Der König traute dem sächsischen General nicht mehr, und die wichtige sächsische Bundesgenossenschaft war eine unsichere Stütze, fast eine Hemmung geworden. Wenn nun die kaiserliche Macht auf Nürnberg rückte, Gustav Adolfs stärksten Rückhalt, so war das vollends eine ausgezeichnete Berechnung. Der Zusammenstoß der beiden herrschenden Gestirne bereitete sich wirklich vor.

Indessen fiel er ganz anders aus, als die Welt erwartete und als Gustav Adolf hoffte. Wallenstein verschanzte sich bei Zirndorf auf der sogenannten alten Feste und blieb still in dieser Festung; er wollte den König nach seiner Art in passiver Schlacht besiegen. Proviantmangel und Krankheit zehrten das evangelische Heer auf und stellten die Treue Nürnbergs auf harte Probe; Gustav Adolf entschloß sich endlich zum Sturm auf das Lager, prallte aber ab und trat den Rückzug an, ohne irgend etwas ausgerichtet zu haben.

Trotz Maximilians Drängen ließ sich Wallenstein nicht herbei, die Abziehenden zu verfolgen: er war wieder einmal an einem äußersten Punkte angekommen und hielt nun inne. Dem Kurfürsten gab er in beleidigender Weise zu verstehen, daß er in Kriegssachen keine Erfahrung habe; in diesem regte sich schon wieder der Verdacht, daß es Wallenstein mit dem Kampf gegen die Feinde des Kaisers gar nicht ernst sei.

Man kann sagen, daß der Herzog den entscheidenden Zusammenstoß mit Gustav Adolf nur hinausgeschoben habe; aber er hatte in der Tat seinen Feind geschwächt und dadurch die Bedingungen zu dem unausweichlichen Zusammenstoß für sich günstiger gestaltet. Als eine vorwiegend aktive Natur hatte der König durch die Kampfesweise, die Wallenstein ihm entgegensetzte, nicht an nur äußeren Verlusten, sondern auch in seinem Innern sehr gelitten. Es war, wie wenn er plötzlich auf das alte Reich selbst, eine schwere, beharrende Masse, gestoßen wäre. Anfangs, bevor die deutschen Fürsten sich für ihn erklärten, hatte er zwar nur langsam und vorsichtig vorangehen können; aber die Sprache, die er führte, war stark und erschreckend klar gewesen und hatte unmißverständlich den festen Willen zu siegen und zu herrschen ausgedrückt. Nachdem er sich dann für den Kampf gegen die Liga entschieden hatte, war er überwältigend nach Süden vorgedrungen, mit einer Zielsicherheit, die damals unerhört war. »Mit seiner gewöhnlichen Eylfertigkeit,« setzte Maximilian jedesmal zwischen Entrüstung und Bewunderung hinzu, wenn er von Gustav Adolfs Zügen berichtete. Die Bestimmtheit und Geschwindigkeit der Bewegungen war das genial Neue in Gustav Adolfs Kriegführung. Nach seiner unglücklichen Begegnung mit Wallenstein bei Nürnberg schien er von diesem angesteckt zu sein; er war unsicher geworden, und die tragischen Ahnungen, die sich vorher nur flüchtig geregt hatten, sprachen lauter. Er erwog und verwarf verschiedene Möglichkeiten und entschloß sich zuletzt, zum Schutze Sachsens nach Norden zu gehen. Als er in Naumburg einzog und das Volk sich vor ihm wie vor einem Gott in den Staub warf, wandelte ihn mit dem Schwindel der übermenschlichen Größe ein Todesgefühl an: in seinem Innersten spürt der Mensch, wenn er seinen Gipfel erreicht hat und ihn der kühle Anhauch aus der jenseitigen Tiefe trifft. Er ahnte, daß seine Kräfte für die Tat, der er sich unterfangen hatte, nicht ausreichten; als er sich hineinstürzte, hatte er sie, trotz alles klugen Bedenkens, nicht ganz ermessen, wie wohl niemals etwas Großes gewagt würde, wenn der Held das Letzte vorausberechnete. Nun verschlang ihn das Chaos des einstürzenden Heiligen Reiches, das erst ganz verwittern und verwesen mußte, bevor die Keime eines neuen wachsen konnten.

Weder Wallenstein noch Gustav Adolf wollten die Schlacht; aber sie brach trotzdem aus ihrer Notwendigkeit hervor. Gustav Adolf war an jenem nebelwogenden Novembermorgen noch einmal ganz der gotterfüllte Held: vom Rausch des Kriegs und des Opfers beseligt, stürzte er sich unmittelbar in den Tod.

Es ist unmöglich, sich von Wallenstein vorzustellen, daß er seinen Soldaten eine hinreißende Ansprache hielte, dem Heer seine Seele einhauchte, die es unaufhaltsam wie ein Sturm zum Siege triebe; er konnte nur Befehle erteilen, deren gebieterische Kraft die Ausführung erzwang. Ebensowenig kann man sich denken, daß ihn Siegesjubel erfüllt hätte; dazu gab er sich vor und während der Schlacht zu wenig hin, und dazu umfaßten seine Gedanken zu viel, blickten sie zu weit. Nach der Schlacht bei Lützen, die nur durch den Tod seines Nebenbuhlers ein Sieg für ihn war, empfand er wahrscheinlich nichts als Zorn und eine schaurige Leere.

Er hatte keinen Sieg über den König davongetragen und konnte es nicht zum zweiten Male versuchen; der Tod war zwischen ihn und seinen großen Gegner getreten. Wie sehr sein Stolz darunter litt, daß er das Schlachtfeld nicht hatte behaupten können und daß die Feinde sich den Sieg zuschreiben durften, beweist die strenge Bestrafung derer, die sich bei Lützen der Feigheit schuldig gemacht hatten. Wallensteins Grundsatz, für das Verhalten der Truppen die Anführer verantwortlich zu machen, fand bei diesen natürlich keinen Beifall. Die Hinrichtung von mehreren Offizieren, darunter Adligen, im Februar 1633 in Prag, erregte Aufsehen und Entrüstung in der Aristokratie, die gewohnt war sich alles erlaubt und verziehen zu sehen. Es wurde in diesen Kreisen allgemein angenommen, der General habe den Groll über die erlittene Niederlage an schuldlosen Opfern ausgelassen. So unrichtig das auch ist, darf man doch für möglich halten, daß Wallenstein sich bei besserer Stimmung zur Gnade hätte bewegen lassen.

Das Erscheinen des Königs hatte seine Person dem Kaiser unschätzbar wichtig gemacht, sein Tod verringerte den eigenen Wert; er mochte das Gefühl haben, als ziehe der untergehende Stern des Königs den seinen nach sich. Von nun an wurden seine Handlungen immer abgerissener, er bewegte sich planlos hierhin und dorthin, wie wenn einer im engen Käfig einem tötenden Pfeile ausweichen wollte.

Man konnte füglich meinen, der Tod Gustav Adolfs bahne den Weg zum Frieden; denn der Kanzler Oxenstierna konnte trotz diplomatischer Begabung das Ansehen und den persönlichen Zauber des Königs nicht ersetzen, und die militärische Aktion hatte die Einheit und den unwiderstehlichen Nachdruck verloren. Aber gerade deshalb, wegen des Mangels an überragenden, zielbewußten Willenskräften sickerte der Krieg breit auseinander und verlängerte sich. Er konnte weiter dauern, weil der herrschende Stand, die Aristokratie, dabei auf seine Rechnung kam, und nur das ohnmächtige Volk ein entschiedenes Interesse an seiner Beendigung hatte. Kein Zustand kann in einem Staate gegen das Interesse der herrschenden Mächte dauern; das waren damals die Fürsten und der Adel. Die jüngeren Söhne dieser Stände lebten vom Kriege: irgendwo mußte Krieg sein, damit sie einen ehrenvollen und einträglichen Beruf hätten. »Die dapfersten cavallieri«, heißt es in einem Berichte vom Jahre 1633, »wünschen dem teutschen reich den werthen lieben Frieden, weil allem an- und absehen nach es doch nicht ermangeln wird an occasion, darin ein ehr- und tugendliebender Held seinen valor erzeigen mag.« Den Fürsten war der Krieg insofern nützlich, als er ihnen Anlaß gab, sich stehende Heere zu bilden. Man darf ihnen wohl glauben, daß sie ernstlich wünschten, den Krieg von ihren Ländern fernzuhalten; darüber hinaus waren die überschwenglich ausgesprochenen Friedenswünsche zum großen Teil Redensart.

Der Kaiser und der Kurfürst von Sachsen wünschten den Frieden untereinander, und zwar lag es ziemlich offen am Tage, daß der Kurfürst mit Aufopferung der allgemein evangelischen Interessen in die alte kaisertreue Politik zurückzulenken geneigt war und die Beziehungen zu den Schweden verwünschte, die ihn daran hinderten. Insofern stimmte Wallenstein mit dem Kaiser und Kursachsen überein, als er den Frieden ohne Berücksichtigung der Schweden wollte; aber darüber hinaus hatte er einen umfassenderen Standpunkt und außerdem noch persönliche Wünsche.

Menschen, deren Intelligenz stärker ist als ihre Instinkte und Leidenschaften, sind zu einer neutralen Stellung vorbestimmt, und so kam es von selbst, daß Wallenstein und später Arnim eine sogenannte dritte Partei begründeten, die von den äußersten Richtungen im Reich das Allgemeingültige heraussuchen und allgemein verbindlich machen wollten. Indessen war es durchaus nicht so, daß Wallenstein einen solchen Standpunkt rein vertreten hätte; sondern die eigene Macht und Größe war das, was er hauptsächlich zu fördern suchte, abgesehen von anderen Leidenschaften, die seine sachlichen Bestrebungen kreuzten. Diese lassen sich dahin zusammenfassen, daß er für die Aufhebung des Restitutionsediktes und für die Vertreibung der Jesuiten, der Spanier und der Schweden vom Reichsboden war – ein Programm, für welches der Kaiser niemals, vielleicht aber der Kurfürst von Sachsen zu gewinnen war. Wenn also ein Punkt des von Wallenstein und Arnim festgesetzten Friedensentwurfs hieß, wer sich demselben widersetzte, sollte, wenn nötig, mit den Waffen dazu gezwungen werden, so ging das vor allen Dingen auf den Kaiser und setzte Wallensteins Bereitwilligkeit voraus, die Waffen gegen ihn zu kehren.

Von Gustav Adolf erzählt man, er habe einmal, an den endlosen, zu nichts führenden Traktaten verzweifelnd, gesagt, er werde nun nicht mehr trauen, sondern so lange fechten, bis er seinen Feind zur Erde gelegt, ihm das Knie auf den Hals und den Degen an die Gurgel gesetzt hätte; so würde er alsdann sagen: so und so mache nun Frieden.

Wer sich durch den Wust der verzwickten und verlogenen Verhandlungen der Zeit windet, empfindet diese Worte nicht als brutal, sondern wie einen erfrischenden Windstoß in der Schwüle. Auch Wallenstein ekelte es zuweilen vor dem kleinlichen Gespinst der Diplomatie, an dem er selbst spann und in das er sich verschnürte; aber durch eine kraftvolle Tat sich herauszureißen, vermochte er doch nicht. Er sehnte sich nach ihr und versprach sich und anderen, sie zu tun, sowie die Sterne günstig wären; das hieß so viel, wie wenn irgendeine Macht sie ihm entrisse, ein anderer sie für ihn täte.

Am 3. Juni 1633 kam ein Parlamentär Wallensteins zum sächsischen Heer mit Eröffnungen, die zu einer Zusammenkunft und dann zu einem Waffenstillstand führten. Arnim wurde jetzt von den zwischen Wallenstein und den böhmischen Emigranten bestehenden Verhandlungen in Kenntnis gesetzt und billigte sie, wie auch umgekehrt die Böhmen, ebenso die Schweden, sich mit dem sächsischen Verhältnis einverstanden erklärten. Nachdem zwischen Arnim und Wallenstein gewisse Grundbedingungen angenommen waren, auf die man sich einigen wollte, reiste Arnim ab, um die Einwilligung der Kurfürsten von Sachsen und Brandenburg zu den Friedensverhandlungen einzuholen. Er konnte jedoch nur Brandenburgs unbedingte Zustimmung erhalten, während Sachsen dabei blieb, zunächst das Ende der Friedensbestrebungen zu erwarten, die Dänemark vermittelte und die öffentlich und mit völligem Einverständnis des Kaisers geführt wurden. Wallenstein nahm dies Zaudern Sachsens, als Arnim ihm das Ergebnis seiner Bemühungen überbrachte, nach seiner Art gelassen auf; aber kaum hatte Arnim ihn verlassen, als er von ihm die Einräumung der schlesischen Fürstentümer Schweidnitz und Jauer als Bürgschaft der kursächsischen Aufrichtigkeit forderte. Da Arnim dies ablehnte, kündigte er sofort den Waffenstillstand und machte einen Versuch, Schweidnitz durch Überfall zu erobern, der aber scheiterte. Er verschanzte sich nun und blieb in dieser sicheren Stellung untätig liegen, wodurch er in Wien Argwohn erregte.

Mitte August schon eröffnete Wallenstein die Unterhandlungen von neuem und fand bei Arnim solches Entgegenkommen, daß ein neuer Waffenstillstand zustande kam. Diesmal gelang es Arnim, die unbedingte Zustimmung nicht nur Brandenburgs, sondern auch Sachsens zu gewinnen, so daß Teile der sächsischen Armee bereits den Befehl zur Vereinigung mit der wallensteinschen erhielten; auch Oxenstierna hatte mehr Zutrauen als sonst, und man hielt allgemein den Zusammenschluß der Heere für nahe bevorstehend, der den Frieden erzwingen sollte. Als jedoch Arnim im kaiserlichen Lager erschien, fand er Wallenstein vollkommen verändert und kühl in seinem Benehmen, und es erfolgte die fast wie Hohn klingende Erklärung, daß der General bereit sei, den Angriff gegen den gemeinsamen Feind zu unternehmen, nämlich gegen Schweden. Noch hatten die Sachsen und Schweden das Unglaubliche nicht gefaßt, als Wallenstein sich, wie das erstemal, auf den Feind warf, den er jetzt unvorbereitet fand und entscheidend besiegte. Er brachte dadurch die in Wien gegen ihn erhobenen Verdächtigungen zum Schweigen. Selbst nach diesem, wie man meinen sollte, nicht wieder gutzumachenden Bruch aber knüpfte er sofort wieder mit den Betrogenen an.

Das zweimalige plötzliche Umschlagen Wallensteins erregte natürlich bei denen, die mit ihm verhandelt und die sich auf ihn verlassen hatten, Entrüstung und Erstaunen, und sie suchten das »Fundament« eines so auffallenden Betragens zu ergründen. Es fehlte nicht an äußeren Anlässen, die sich herbeiziehen ließen; so fand man die Ursache, daß Wallenstein zum tatsächlichen Bruch mit dem Kaiser entschlossen sei, darin, daß dieser dem mit Wallenstein abgeschlossenen Vertrage zuwider ein spanisches Heer unter einem vom Herzog unabhängigen Kommando ins Reich kommen ließ, was als der erste Schritt zu einer zweiten Absetzung aufgefaßt wurde. Zum ersten Umschlage sollte ihn Questenberg bewogen haben, der ihn gerade damals im Lager aufsuchte, zum zweiten, nach der Meinung neuerer Geschichtschreiber, der Tod Holks, desjenigen seiner Offiziere, der ihm unbedingt, auch gegen das Interesse des Kaisers, ergeben war. Es ließe sich noch manches mehr anführen, wie es denn nie an größeren oder kleineren Anlässen fehlen wird, einen Schwankenden zu einem Unternehmen hinzutreiben, wie davon zurückzuhalten. Diesen wechselnden Gelegenheiten aber tritt als Bleibendes die Eigenart von Wallensteins Benehmen gegenüber, die durch seine ganze Laufbahn sich wiederholt und darauf hindeutet, daß die Erklärung in seinem Innern zu suchen ist: daß er nämlich immer gerade dann, wenn er in den Vorbereitungen zu einer Handlung so weit gegangen war, daß nun die Entscheidung hätte eintreten müssen, umschlug und das Vergangene durch eine der erwarteten entgegengesetzte Handlung aufhob.

So hatte er sich zwischen Spanien und Holland während seines ersten Generalats gezeigt und dadurch die Beteiligten, besonders die Spanier, in steter Erregung erhalten. Wenn Spanien oder die Regentin der Niederlande Hilfe gegen Holland verlangte, sagte Wallenstein diese zu, um sie im letzten Augenblick zurückzuziehen und sich hingegen Holland zu nähern; nach einiger Zeit jedoch kam er den Spaniern wieder entgegen, die merkwürdigerweise sich jedesmal wieder täuschen ließen. Auch der spanische Gesandte Aytona suchte anfangs nach Gründen, um sich die plötzlichen Umschwünge des Generals zu erklären, und fand solche etwa in irgendwelchen Handlungen des Kaisers, die ihn verstimmt haben sollten; daneben aber taucht doch je länger je mehr ein Gefühl auf, daß der tiefste Grund in der wunderbaren Verfassung Wallensteins selbst liegen müsse. Während seines Hierseins, schrieb Aytona einmal, würde Wallenstein zwar sehr gefällig sein und große Dienste anbieten, beim Weggehen aber ganz anders handeln. Das stete Anbieten und Wiederzurückziehen, das Spiel der Katze mit der Maus, machte ihn so gefürchtet, daß man wohl auf den Gedanken kommen konnte, er handle mit dieser Absicht so, während es vielmehr eine Folge seiner inneren Unsicherheit war.

Auch die im Sommer 1633 Beteiligten erkannten bei aller moralischen Entrüstung zuweilen deutlich, daß sie mit einer besonderen psychologischen Beschaffenheit zu tun hatten, der höchstens dadurch beizukommen war, daß man ihre eigenen Gesetze erfaßte und sie danach behandelte. Oxenstierna und Herzog Bernhard von Weimar, die Wallenstein persönlich fernstanden und dem Zauber seiner Persönlichkeit nicht ausgesetzt waren, urteilten gleichbleibend kühl und verständig, man könne dem Herzog nicht trauen, indem sie die Unzuverlässigkeit hauptsächlich als die übliche Verschlagenheit der Diplomatie auffaßten, mit dem Unterschiede, daß Herzog Bernhard mehr den moralischen Maßstab anlegte und ihn einen Lügner schalt. Oxenstierna entging nicht, daß alles, was an Tatsächlichem von Wallensteins Plänen berichtet wurde, zweideutig, ungenügend, lückenhaft, für einen Staatsmann gar nicht zu gebrauchen war, indem er wesentliche Punkte ausließ oder umging; er schloß daraus, daß der Herzog es auf Betrug absehe. Unter den böhmischen Exulanten waren mehrere sehr angesehene, die davor warnten, sich mit ihm einzulassen; einer sagte, er halte von den Traktaten nichts, weil ihm Wallenstein wohlbekannt sei, ein anderer, weil er Wallenstein nicht traue und wisse, was er wisse. Der französische Gesandte Feuquières, der durch Kinsky mit Wallenstein verhandelte und dem doch diplomatische Schlangenwindungen nichts Fremdes waren, kam zu der Ansicht, daß seine Finessen, Spitzfindigkeiten und Betrügereien den Verkehr mit ihm unmöglich machten. Alle diese warteten ab, um einen etwa sich bietenden Vorteil wahrzunehmen, ohne aber ernstlich damit zu rechnen.

Betrachtet man die verzwickte und verschlagene Diplomatie der damaligen Zeit, die in ihrer übertriebenen Schlauheit etwas phantastisch Spielendes hat, wie wenn Kinder Weltgeschichte aufführten, so scheint es einem in der Tat, als hätten es im Grunde alle ebenso wie Wallenstein gemacht. Man ließ keine Gelegenheit, etwas anzuzetteln, vorbeigehen, auch der schäbigste Faden war nicht so schlecht, daß man ihn nicht festgehalten hätte, um etwa daran fortzuspinnen. Alles wurde mitgenommen, beigepackt, mit pomphafter Heimlichkeit bedeckt, und dann wurde zugewartet. Nach allen Seiten wurde unter der Larve hochtrabender, sogenannter deutscher Aufrichtigkeit dermaßen gelogen, daß der moderne Leser zuweilen daran verzweifelt, auf den Grund der wirklich befolgten Politik zu kommen. Sie ist schließlich doch aus der Richtung zu erkennen, die durch größere Zeiträume beibehalten wurde, wie zum Beispiel die kursächsische Politik wesentlich kaisertreu und allen Ausländern feindlich war, und alles, was davon abweicht, nur Abirrungen waren, die äußerliche Umstände aufdrängten. Der schwedische Vertreter, Graf Solms, erklärte einmal den Kurfürsten für ein caput heteroclitum, dergleichen ihm noch nie vorgekommen, weil er auf jeden hörte, sich bald so, bald so äußerte, überallhin ein paar Schritte mitging, sich aber nie endgültig für etwas entschied. Im Grunde hielt er jedoch fest am Kaiser, wie es dem kursächsischen Interesse am nächsten lag, und nur die Verkettung der Umstände, namentlich die Verletzung der sächsischen Selbstsucht durch das Restitutionsedikt, verhinderten ihn, in der gewohnten Bahn weiterzugehen.

Bei Wallenstein hingegen war nichts Festes; er vertrat nicht, wie die alten Fürsten, das Interesse eines Landes, wodurch von vornherein eine Richtschnur gegeben ist, sondern er war nur er selbst, eine ins Unendliche drängende Seele. Daß es sich bei Wallenstein um etwas anderes handelte als um das übliche Versteckspiel der Diplomatie, empfanden denn auch besonders alle die, welche ihn persönlich kannten und, wenn auch nicht liebten, so doch hoch einschätzten und stark von ihm angezogen wurden. Arnim hatte Augenblicke heftiger Entrüstung über den General, um dessentwillen er von allen Seiten Angriffen und Verleumdungen ausgesetzt war, für den er bei den Kurfürsten von Sachsen und Brandenburg eintrat, für den er sich eigentlich verbürgte und der ihn durch sein Betragen bloßstellte und preisgab. Er faßte zuletzt seine Eindrücke dahin zusammen, daß Wallenstein seine Meinung immer dann ändere, wenn es zum Schlusse kommen sollte. Es könne dies, sagte er, aus einem betrüglichen Vorsatz geschehen, es könne natürliche Unbeständigkeit sein, es könnten auch seine »schieferigen Affekten« die Ursache sein, das heißt, sein Zorn könne jeweils durch irgend etwas erregt werden; jedenfalls könne man ihm nicht trauen. Man müsse also, schließt Arnim, wenn man sich überhaupt mit ihm einlassen wolle, sich so stark machen, daß man ihm Respekt einflößen und ihn zwingen könne, das Versprochene auszuführen.

Obwohl Arnim die Möglichkeit eines »betrüglichen Vorsatzes« in Betracht zog, so scheint er doch überwiegend von Wallensteins jeweiliger Gutgläubigkeit überzeugt gewesen zu sein; sonst wäre er kaum auf jede erneuerte Annäherung des Generals sofort wieder eingegangen. »Herr Generalleutnant Arnim, so listig, witzig, vorsichtig und mistrauisch geht, hat sich doch einen sehr weiten Weg schicken lassen,« schrieb Thurn im Januar 1634 an Kinsky.

Fast noch merkwürdiger als die Bereitwilligkeit der protestantischen Unterhändler, nach eben erlittenem Schaden sich auf neue Verhandlungen einzulassen, ist Wallensteins Art und Weise, sie wieder zu eröffnen. Einmal ließ er sagen, er habe es nicht so übel gemeint, ein anderes Mal sagte er zur Erklärung: Homo proponit, Deus disponit; als ob es sich nicht um menschliche Willensentschließung, und zwar seine eigene, sondern um von ihm unabhängige Zufälle oder Naturereignisse handelte. Er habe das Vergangene kaum berührt, erzählte Arnim einmal nach der ersten Wiederbegegnung, und gesagt, er müsse sich eine Zwickmühle bewahren. Hohn konnte das nicht sein, da es ihm jedesmal ernstlich daran lag, wieder anzuknüpfen; man kann es nur als Unbefangenheit und Verlegenheit auffassen. Ihm kamen seine Schwankungen offenbar ganz natürlich vor; andererseits trug er doch Scheu, seine Unsicherheit zu offenbaren, so daß er wirklich nicht recht wußte, wie er sich ausreden sollte. Vollends was für eine unbegreifliche Sorglosigkeit liegt darin, daß er von der Notwendigkeit sprach, eine Zwickmühle zu behalten; denn deutlicher hätte er nicht verraten können, daß er sich des eigentlichen Kampfes enthalten wollte, daß er sich nur dann wohl fühlte, wenn er dem Gegner mit dieser unentrinnbaren Falle gegenüberstand. Wer erinnerte sich nicht des ohnmächtigen Hasses, den man als Kind gegen den Mitspieler fühlte, dem es gelungen war, sich die Zwickmühle anzulegen, und dessen ganzer Feldzug nun in feigem, höhnischem, grausamem und schnödem Auf- und Zuziehen bestand!

Weit oberflächlicher schoben Wallensteins Anhänger in seinem Lager, Terzky und Illo, die Schuld auf die Astrologie, deren unsichere Ergebnisse ihn veranlaßten, die Entscheidung hinauszuschieben, weil es noch nicht an der Zeit sei; womit sie nur eine neue Äußerung seines Schwankens angaben, nicht es erklärten. Am richtigsten fühlten die naivsten unter den Männern, die mit ihm verhandelten, heraus, wie es mit ihm stand: der alte Graf Thurn und der junge Franz Albrecht von Sachsen-Lauenburg; dieser, der wenigstens am Schluß seine innere Hilflosigkeit begriff, jener, der ihn, da keine andere Erklärung genügte, schlechtweg für verrückt hielt. Diese Meinung, es handle sich bei Wallenstein um einen krankhaften Geisteszustand, scheint in dieser Epoche seines Lebens in weiteren Kreisen geherrscht zu haben.

Das Überwiegen eines großen, reifen Intellekts über die instinktiven Kräfte, wie es bei Menschen einer hohen Entwicklungsstufe vorkommt, kann insofern als Entartung oder Krankheit aufgefaßt werden, als das Gleichgewicht dadurch aufgehoben und der normale Ablauf des Lebens erschwert ist. Wallenstein befand sich in dieser abwärts geneigten Verfassung, doppelt so durch die Altersstufe, auf der er zur Zeit seines zweiten Generalats stand. Er war damals 50 Jahre alt, durchlief also den Lebensabschnitt, wo die menschliche Natur vor der Beschränkung oder Erstarrung noch einmal blüht, welches Blühen aber nicht die frühlingshafte Lösung des Sichentfaltens, sondern die herbstliche Auflösung ist. Das Auseinanderstreben aller Kräfte kann wie beim Jüngling so bei dem zum Alter Übergehenden zu einem Verlust des Gleichgewichts und damit zu seelischer und geistiger Haltlosigkeit führen. Wallensteins Unsicherheit und Unbeständigkeit waren immer so groß gewesen, daß man seine Unfähigkeit zum Feldherrnamte daraus hätte ableiten können und daß der diplomatische Verkehr mit ihm etwas Quälendes hatte; während seines zweiten Generalats war es dahin gekommen, daß ihm willkürliches Sichentschließen und Handeln fast unmöglich wurde. Die pendelnde Bewegung in der Richtung zum äußersten Punkte, wo es zum Schlusse hätte kommen müssen, dann zurück zum entgegengesetzten Punkte und wieder so weiter, lief mechanisch ab, so daß man bei genauer Beobachtung wohl hätte voraussagen können, wann der Umschwung eintreten mußte.

Insofern kann von einem überlegenen Gebrauch der Zwickmühle nicht mehr die Rede sein, wenn er auch damit hantierte; es war nur noch ein letztes Auskunftsmittel seiner Hilflosigkeit. Was den Starken gehoben hätte, untergrub den Schwachen; das Spiel, das Wallenstein mit allen zu treiben schien, machte alle argwöhnisch und waffnete alle gegen ihn. Der zu niemandem und zu nichts entscheidend hingezogen wurde, den ließen zuletzt alle fallen; er war etwas Wesenloses geworden und gehörte dem Nichts schon an, bevor der Mord ihn vernichtete.

Von denen, die man Wallensteins Freunde und Anhänger nennen kann, hatte die stärkste Natur der Herzog Franz Albrecht von Sachsen-Lauenburg. Er war noch mehr als der alte Graf Thurn ein durch Unmittelbarkeit und Vorurteilslosigkeit von dem Durchschnittscharakter seiner Zeit abweichender Mensch. Man war damals ungemein roh, sittenlos, gottlos, ausschweifend, habgierig; allein man bewegte sich in gewissen Formen, die ein Ideal von Ehrenhaftigkeit oder majestätischer Würde und besonders von Frömmigkeit darstellen sollten, sei es nun nach protestantischer oder katholischer Art. Bei Franz Albrecht findet sich nichts der Art, sondern ein unbekümmertes Drauflosleben, ein frisches, derbes Sichäußern, ein Wirklichkeitssinn, der oft arglos das Richtige trifft. Im Beginn des Dreißigjährigen Krieges war er, noch ganz jung, im Jahre 1598 geboren, der Liebhaber der Herzogin von Wolfenbüttel, der er eine gewaltige Leidenschaft eingeflößt zu haben scheint. Er stand damals in kaiserlichem Dienst und ließ sich dann, nämlich im Mai des Jahres 1632, auf sehr wunderliche Art für den schwedischen gewinnen in einem Augenblick, wo der schwedische Resident in Berlin ihn aufheben wollte. In der Schlacht bei Lützen befand er sich in der Umgebung Gustav Adolfs, als dieser fiel, worauf er sich aus dem Gefecht zurückzog, um sich erst am folgenden Tage wieder einzufinden. Dies auffallende Betragen, vereint mit dem Umstande, daß man ihm von schwedischer Seite immer mißtraut hatte, veranlaßte das Gerücht, Franz Albrecht habe den König ermordet, was noch dadurch bestärkt wurde, daß der Herzog sich nach der Schlacht zu Wallenstein begab und ihm, so wird erzählt, das Blut des verstorbenen Schwedenkönigs auf seinem Koller zeigte.

Nun nahm Franz Albrecht Dienst bei seinem Oheim, dem Kurfürsten von Sachsen an, mit dem er in seiner unbefangenen Art verkehrte, die Johann Georg oft sehr perplex gemacht zu haben scheint. Er vertrug sich ausgezeichnet mit Arnim, nicht weniger mit dem Grafen Thurn, der mit Arnim spinnefeind war; ebenso war sein Verhältnis zu Wallenstein ausgezeichnet. Außer gewissen böhmischen Emigranten wünschte keiner so lebhaft wie Franz Albrecht die Erhebung des Herzogs von Friedland zum König von Böhmen, wovon der Grund gewesen sein soll, daß er ein Liebesverhältnis mit einer reichen böhmischen Dame hatte, die er heiraten würde, wenn ihr Mann tot wäre. Wie das möglich gewesen sein sollte, da er selbst verheiratet war, wird nicht angegeben. Einzig bei den Schweden war Franz Albrecht als angeblicher Mörder des Königs verhaßt, und es läßt sich denken, daß er diese Feindseligkeit mehr oder weniger erwiderte und den Wunsch Wallensteins und Arnims teilte, die Schweden aus dem Reiche entfernt zu sehen, was nicht ausschließt, daß man sich ihrer Hilfe vorher noch zu bedienen dachte.

Im Sommer 1633 wurde Franz Albrecht verräterischer Verbindung mit Frankreich verdächtigt, nämlich daß er dieser, seinem Oheim so besonders widrigen Macht, das kursächsische Heer, das unter seinem Oberbefehl stand, zuführen wolle. Er verteidigte sich mit dem üblichen Nachdruck gegen die Beschuldigung, die nicht unbegründet war; er wünschte mit Hilfe Frankreichs einen Frieden zu erzwingen, wie er ihm und der dritten Partei überhaupt richtig schien.

Als Arnim Ende September 1633, zur Zeit des zweiten Waffenstillstandes, als die Vereinigung des Herzogs von Friedland mit der sächsisch-schwedischen Armee bestimmt erwartet wurde, den herannahenden Umschlag Wallensteins in seiner Stimmung bemerkte, schickte er Franz Albrecht zu ihm, um statt seiner der Sache auf den Grund zu kommen. Er mochte denken, daß dessen ehrlich unmittelbares Wesen dem verborgenen Wallenstein eher seine Gesinnung und Absicht entreißen würde als seine jenem verwandte Versiecktheit. Auf Franz Albrechts gerade Frage, wie der kaiserliche General sich zu den Friedenspunkten stellte, antwortete denn dieser auch geradezu: er akzeptiere sie, aber in dem Sinne, daß man zuerst des Reiches Feinde, nämlich Bayern und Schweden vertilge, worauf es zu einem heftigen Auftritt kam. Das freundschaftliche Verhältnis wurde dadurch nicht im mindesten getrübt.

Die Methode des Stilliegens, die Wallenstein während des Feldzuges 1633 befolgte, schrieb er auch seinen Offizieren vor, was besonders für Aldringen, der zwar Wallenstein unterstellt, aber zugleich dem Kurfürsten von Bayern zur Hilfe beigeordnet war, zu schweren Konflikten führte. Maximilian wollte, wie immer, den Krieg nicht nur defensiv, man kann fast sagen, nicht nur passiv führen, und stellte dementsprechende Anforderungen an Aldringen, dem aber von Wallenstein jedes aktive Vorgehen streng verboten war. Die ständigen Vorwürfe und Klagen, mit denen sich der Kurfürst deswegen an den Kaiser wendete und die durch diesen Wallenstein übermittelt wurden, ignorierte der General, höchstens daß er Aldringen desto dringlicher einschärfte, ruhig zu bleiben. »E. F. G. haben mich zu unterschiedlichen malen genedigst erynnert, in allem gewahrsam zu gehen und nichts zu hazardiren,« schreibt Aldringen am 7. Mai an Wallenstein. »Mir will billig gebüren, solch E. F. G. bevelch in Acht zu nehmen; kann aber deroselben nit verhalten, das der Churfürst sich gedünkhen läßt, Ich solle und müesse an den Feind gehen und große straich verrichten.« Worauf Wallenstein antwortete: »Wie nun der Herr, daß er sich hierunter kheines wegs impegniren wollen, zumalen Ihm noch unentfallen, waß gestalt wir Ihm, sich auch umb succurirung Rhein in kheinerley weyse anzunehmen, erinnert, gar recht gethan: Also wirdt er fürhero sich durch dergleichen Zumuthungen gar nicht irre machen noch ethwas zu hazardiren Ihme angelegen sein laßen.« Was Wallenstein damit seinen Offizieren zumutete, war so schwierig und peinlich, daß Aldringen um seine Abberufung bat, die aber nicht gewährt wurde. Einmal, im Juli, geschah es, daß Holk sich hinreißen ließ, gegen Amberg vorzugehen und sich bei der Wiedereroberung Neumarkts zu beteiligen, wodurch er sich, obwohl Wallensteins Günstling, dessen scharfen Tadel zuzog. »Viel eines anderen hätte ich mich versehen,« schrieb ihm der General, »als das der Herr durch ethlicher per indirectum expracticierte instanzien sich auf solche weis solle impegniren und meinen so unterschiedlichen expressen ordinantzen zu wieder thun.« Holk entschuldigte sich damit, daß er nur den Leuten, die ihn wegen seiner Untätigkeit als Poltron oder gar Verräter ausschrien, das Maul habe stopfen wollen und daß er nicht so weit gegangen sei, daß er nicht jederzeit hätte zurückkommen können. Schnell begütigt ließ sich Wallenstein diese Entschuldigung gefallen, erneuerte aber seinen Befehl an Holk, sich nicht zu impegnieren, sich nicht weit von Böhmen zu entfernen und sich in keine Belagerung einzulassen, weil es nicht de tempore sei.

Maximilian hatte von seinem Standpunkt aus vollkommen recht, wenn er sich von Wallenstein lahmgelegt und dazu verhöhnt fühlte; was ihn zurückhielt, einen neuen Feldzug gegen den General zu eröffnen, war die Einsicht, daß er nur dann etwas ausrichten würde, wenn er nachweisen oder vollkommen glaubhaft machen könnte, daß Wallensteins Kriegführung nicht nur gegen sein, sondern auch gegen des Kaisers Interesse sei, womöglich, daß sie auf Verrat abziele. Dies festzustellen, waren fortwährend auch Wallensteins Gegner in Wien geschäftig gewesen, so daß, während der Herzog sich seine Zwickmühle anlegte, auch der Kaiser das Seine tat, um Fäden zu sammeln und sich für allerlei Möglichkeiten in Verfassung zu setzen.

Gleich nach dem Abschluß des zweiten Waffenstillstandes kam Graf Schlick ins Lager, hauptsächlich um die Stimmung der Offiziere zu erforschen und die hervorragenden womöglich für den Kaiser zu gewinnen. Er sprach seine Mißbilligung des Waffenstillstandes offen aus, und da Wallenstein ihn ohnehin als seinen Gegner kannte, war seine Lage nicht leicht. Trotzdem, wenn er sich wirklich seines Lebens nicht sicher fühlte, so beruhte das nur auf einer verkehrten Beurteilung von Wallensteins Charakter, dem es fernlag, gewaltsame Mittel zu gebrauchen, wie leidenschaftlich er auch hassen mochte.

Im Oktober entschied der Überfall bei Steinau noch einmal für Wallenstein, dessen Freunde erleichtert aufatmeten. Er machte sogar, anstatt wie gewöhnlich sofort innezuhalten, Eroberungen in Schlesien, knüpfte aber doch wieder mit Arnim und Franz Albrecht von Sachsen-Lauenburg an, die zunächst mißtrauisch blieben. Da trat ein Ereignis ein, welches die Probe auf Wallensteins Gesinnung wurde, nämlich die Eroberung Regensburgs durch Bernhard von Weimar.

Bernhard von Weimar, der als jüngster Sohn des Hauses nichts zu verlieren hatte, erscheint wie eine elementare Kraft zwischen den rechnenden Fürsten: ein auf sich selbst stehender Abenteurer zwischen trägen und lastenden Besitzenden. Dem Herzog von Friedland mißtraute er, indem er etwas Gottloses, Unheimliches, Unberechenbares in ihm witterte; so stellte sich seiner auf starken Instinkten ruhenden Natur und seinem in einer gewissen Einschränkung gesammelten Geiste das maßlos Hinflutende, Sichselbstaufhebende von Wallensteins Wesen dar.

Zeitig davon in Kenntnis gesetzt, daß Bernhard von Weimar ein Absehen auf Regensburg habe, widersprach Wallenstein diesen Warnungen und verbürgte sich dafür, daß er vielmehr Böhmen schützen müsse. Wieder verhallten die immer dringenderen Hilferufe des Kurfürsten von Bayern ungehört. Die Frage, ob Wallenstein wirklich einen groben Irrtum beging und nicht sah, was allen anderen klar war, oder ob er es nicht sehen und den Fall der wichtigen Festung geschehen lassen wollte, ist schwer zu entscheiden. Einem Gerede zufolge soll er später gesagt haben, man werde ihn hoffentlich nicht für so kindisch halten, daß er Regensburg nicht hätte wieder einnehmen können; er habe vielmehr eigens Gallas nach Böhmen gezogen, damit Bernhard von Weimar auf den Gedanken käme, es zu erobern; aber vorausgesetzt, daß er es überhaupt gesagt hat, könnte er das aus Eitelkeit oder Klugheit getan haben. Insofern als er sich selbst schadete, wenn er die evangelische Partei einen großen Vorteil erringen ließ, den sie nicht ihm verdankte oder von dem sie das wenigstens nicht bestimmt wußte, ist es wahrscheinlich, daß er sich täuschte. Andererseits ist zu bedenken, daß Regensburg bayrische Besatzung hatte und ein Gegenstand bayrischer Habgier war, daß also der Kurfürst zunächst mehr als der Kaiser durch Regensburgs Fall betroffen wurde: jeden Schaden aber, jede Enttäuschung wünschte Wallenstein dem Kurfürsten. Zieht man in Betracht, wie der kranke Feldherr weniger bestimmte Pläne verfolgte, als die Dinge gehen ließ, und wenn durchaus gehandelt werden mußte, das jeweils Bequemste oder ihm Aufgedrängte tat, so leuchtet am ehesten ein, daß er zwar Bernhards Absicht auf Regensburg für möglich hielt, aber für gut fand, das Gegenteil anzunehmen, da ihm nicht viel daran lag, wenn die Festung fiel. Es war nichts, was ihn zu einem entscheidenden Eingreifen reizte, darum überließ er es dem Zufall, das heißt anderen Menschen, wie sich die Ereignisse entwickelten. Sehr wichtig ist die Frage nicht, da ja des Generals Stellung zur Genüge aus dem Verhalten hervorgeht, das er nach dem Falle von Regensburg einschlug.

Am Hofe herrschte Spannung, was Wallenstein beginnen würde; denn sein nunmehriges Benehmen mußte ausweisen, ob ein begangener Fehler wieder gutzumachen oder ob eine Verschwörung im Gange war. Zunächst geschah, was wohl die wenigsten auf beiden Seiten erwartet hatten: der Herzog setzte sich in Bewegung, um Regensburg zurückzuerobern oder doch ein weiteres Vordringen des Feindes aufzuhalten. Nach dem Befehl, den der Kaiser mit einer bis dahin vermiedenen Schärfe erteilt hatte, konnte Wallenstein nicht anders handeln, ohne den offenen Bruch zu erklären; dazu aber hätte er sich so plötzlich nicht entschließen können. Wie er gewöhnlich vor einer großen militärischen Unternehmung erklärte, daß er sich nur unter gewissen Bedingungen darauf einlassen würde, so schickte er auch jetzt voran, daß er den Herzog von Weimar nur dann angreifen würde, wenn er ihn auf dieser Seite der Donau anträfe. Am 3. Dezember teilte er dem Kaiser aus Fürth mit, daß der Feind auf die andere Seite des Flusses gesetzt sei und daß er nun nicht mehr an ihn kommen könne. »Unterdessen hat sich der von Arnem gegen den Oderstrom gewendt, Frankfurt recuperirt ... dahero denn, will ich E. M. sachen alle nicht in compromiß setzen, muß mich wiederumb gegen Behmen wenden.«

Die Antwort des Kaisers lautete, selbst wenn Wallenstein sich mit der Armee schon wieder nach Böhmen zurückbegeben hätte, solle er sich wieder gegen Passau oder den Herzog von Weimar wenden; dies sei seine endgültige Resolution. Unter gänzlicher Nichtachtung dieses ausdrücklichen kaiserlichen Befehls ging Wallenstein nach Pilsen, wo er am 14. Dezember eintraf, und blieb dort.

Von nun an standen sich Wallenstein und der Kaiser als erklärte Feinde gegenüber, und alle Schritte, die sie taten, hatten den Zweck, sich voreinander zu schützen. Beide beobachteten dabei dieselbe Methode, die der Zeit sowohl wie ihrer Schwäche entsprach, nämlich den Schein des guten Einvernehmens zu wahren, ja sogar das Fortbestehen des alten Verhältnisses noch als etwaige Möglichkeit ins Auge zu fassen, heimlich aber einen Angriff aus dem Hinterhalt vorzubereiten. Beide ließen sich treiben und andere handeln, die sie doch durch unausgesprochenes Wünschen beeinflußten; sie selbst hätten wohl in Ewigkeit so weitergeplänkelt.

Das ganze Jahr hindurch hatten Wallenstein und der Kaiser schon Schritte getan, um sich des Heeres, das heißt der Offiziere, zu versichern. Der Tod Holks am 9. September war ein großer Verlust für den General gewesen, denn auf diesen Dänen und Protestanten hatte er sich am meisten verlassen können. Von den Katholiken stand ihm Gallas am nächsten, auch auf Piccolomini rechnete er. Als jedoch der Kaiser heimliche Eröffnungen und Anerbietungen zu machen begann, wurden natürlicherweise die katholischen Ausländer, besonders die Italiener, sofort schwankend. Diese hielten so lange unbedingt zu Wallenstein, als er sich nur der hofkriegsrätlichen Einmischungen erwehrte, überhaupt die Untätigkeit und Beschränktheit des Hofes bekämpfte, hätten auch sicher etwas gewagt, um einer etwaigen Absetzung zuvorzukommen; aber für des Herzogs reichspolitische Gedanken und für seine imperatorischen Träume hatten sie weder Interesse noch Verständnis. Bei Wallensteins feinem Gefühl und Scharfblick für die Schwächen der Menschen, und bei seiner Art, sich jedem hinzugeben, mit dem er in augenblicklicher persönlicher Beziehung war, läßt sich annehmen, daß er aus dem chaotischen Überfluß seiner Pläne jedem das mitteilte, wofür er zugänglich war, so daß jeder in ihm den Erfüller der eigenen Wünsche, den Vertreter der eigenen Meinungen sah. Vielleicht hätten alle sogar eine offene Empörung gegen den Kaiser mitgemacht; die Verbindung mit Schweden aber war, wie sich begreifen läßt, die nicht zu überschreitende Grenze.

Um die Mitte des Dezembers begann der Kaiser das Netz zu weben, in dem er den kranken Löwen, wenn es nötig würde, fangen und erwürgen wollte. Piccolomini, Aldringen und Gallas, auf deren Entscheidung es hauptsächlich ankam, machten es so wie der Kaiser und Wallenstein auch: sie suchten sich für jeden möglichen Fall zu sichern. Dem kaiserlichen Abgesandten, der sie aufsuchte, um sie zu gewinnen, gaben sie das Versprechen der Treue, und sie äußerten auch nachdrücklich ihre Entrüstung über des Generals Verrat; indessen überwog doch noch, am meisten bei Gallas, am wenigsten bei Aldringen, die Anhänglichkeit an Wallensteins Person und die Unsicherheit über die Beständigkeit der Entschlüsse auf beiden Seiten. Sie hielten sowohl für möglich, daß der Kaiser sich wieder für Wallenstein würde gewinnen lassen, wie auch, daß dieser sich wieder für den Kaiser erklären würde, und in beiden Fällen konnte es schlimme Folgen für sie haben, wenn sie sich jetzt für den einen oder anderen entschieden. »Eure Exzellenz kennen den Herzog besser als ich,« schrieb Piccolomini im Januar 1634 an Aldringen, »der, vorsichtig und grüblerisch wie er ist, leicht seine Gedanken ändert; aber deswegen dürfen wir nichts vernachlässigen, um alles für jeden Entschluß, der gefaßt werden könnte, vorzubereiten, denn ich sehe, daß man heutzutage den Worten nur weniger trauen kann.« Am schwersten wurde es offenbar Gallas, sich von Wallenstein zu trennen: er versuchte persönlich, den Unglücklichen umzustimmen, der sich jedoch damals schon zu tief verstrickt hatte, um ohne Selbsterniedrigung und vor allem mit Aussicht auf Erfolg zum Kaiser zurückkehren zu können.

Nachdem Regensburg durch Wallensteins Schuld verloren war und sowohl Bayern wie Österreich dem Feinde offen stand, glaubte Kurfürst Maximilian den Kampf gegen den kaiserlichen General wieder aufnehmen zu können. Er schickte deshalb einen Gesandten namens Richel nach Wien, mit einer sehr verwickelten Instruktion für alle möglichen Stimmungen, die er am Hofe vorfinden würde. Er fand sie sehr günstig, insofern als bereits ein Feldzug gegen Wallenstein im Gange war, über dessen Mittel und Ziele jedoch selbst dem bayrischen Gesandten nichts verraten wurde. In seinen Berichten nannte er Schlick als denjenigen unter des Herzogs Feinden, der das Werk am eifrigsten betreibe und auf dessen Mitteilungen er am meisten fuße; der Marchese di Grana, genannt Caretto, sei zu passioniert gegen Wallenstein und darum weniger verläßlich. Auch Eggenberg zählte nun zu des Herzogs Gegnern; einige nahmen an, er sei durch spanisches Geld bestochen worden, andere, es habe ihn erbittert, daß Wallenstein auch von ihm Kriegsbeiträge erhoben und seine Güter unter seine, des Friedländers, Getreuen auszuteilen versprochen habe. Es wäre aber Eggenberg auch sonst wohl nichts anderes übriggeblieben, als sich von Wallenstein loszusagen in dem Augenblick, wo seine Handlungen offenkundig mehr dem Interesse des Feindes als dem des Kaisers dienten.

Wallenstein galt für so mächtig und gefährlich, daß ein offener Angriff auf ihn gar nicht in Frage kam. Als Mittelweg wurde erwogen, ob man ihm etwa den Oberbefehl nicht ganz entziehen, nur einschränken solle; aber man wandte dagegen Wallensteins Humor ein, der so beschaffen sei, daß er alles werde behalten oder alles lassen wollen. Im Innersten werden alle überzeugt gewesen sein, daß jetzt eine Auseinandersetzung auf Leben und Tod kommen müsse; nur daß keiner sich getraute, es als erster laut auszusprechen. Man verfiel auf die Ausflucht, den General als Rebellen in die Acht zu erklären, so jedoch, daß das betreffende Dokument zwar ausgefertigt, aber nur den höchsten Befehlshabern in der Armee unter der Hand mitgeteilt, nicht veröffentlicht wurde. Der Kaiser konnte sich also eine Zurücknahme der Maßregel vorbehalten, wenn etwa neue Zufälligkeiten von der anderen Seite her einträten.

Am 14. Dezember war Wallenstein in Pilsen eingetroffen; einige Tage darauf gab er einem kaiserlichen Gesandten die Erklärung ab, daß er im Einverständnis mit seinen Obersten beschlossen habe, den Winter über die Offensive nicht zu ergreifen. Damit war er in der antikaiserlichen Schwingung auf einem extremeren Punkte angelangt als je zuvor; denn die Widersetzlichkeit gegen des Kaisers ausdrücklichen Befehl kam einer Kriegserklärung oder Rebellion gleich. Er näherte sich denn auch gleichzeitig der anderen Partei, den Böhmen und Sachsen, und die verschiedenen Unterhändler eilten, zuversichtlicher als bei allen früheren Gelegenheiten, nach Pilsen.

Hätte Wallenstein jetzt, wo er zur Entscheidung gedrängt wurde, sie mit Überzeugung und Kraft getroffen, so hätte er noch Erfolg haben können; denn nur wer an sich selbst glaubt, kann den bergeversetzenden Glauben auf andere übertragen. Mit dem Augenblick aber, wo er sich vom Boden der Legitimität weggedrängt sah, begann er zu wanken und verbreitete nur Unsicherheit und Zweifel um sich. Schon lange hatte er niemandem mehr festes Zutrauen einflößen können; nun wurde er sich dessen bewußt, fühlte zugleich, daß er gerade des Glaubens der anderen bedurfte, und konnte doch nur noch Mitleid erregen. Auf dem Zuge nach Regensburg war er schwer leidend gewesen, während seines letzten Aufenthaltes in Pilsen lag er fast immer zu Bette. Nicht ohne ein Gefühl des Grauens und Erbarmens liest man auf der Apothekerrechnung, die nach seinem Tode einlief, die Liste der täglich von ihm gebrauchten Medikamente: da handelt es sich um einen Sterbenden, der seine Auflösung qualvoll aufzuhalten sucht. Während er bald anteillos, bald von Angst und Zweifeln gemartert dalag, regte sich geschäftig die Verschwörung, von Terzky und Illo geleitet, demselben Illo, der ihm so besonders unleidlich gewesen war. Sie verfaßten den sogenannten Pilsener Schluß, in dem sich die Offiziere verpflichteten, zu ihrem General zu halten, damit er nicht abdanke, und veranstalteten das Bankett, bei welchem neunundvierzig Obersten die Erklärung unterschrieben. Vielleicht war Wallenstein von der Rolle, die er damals spielte, nichts natürlicher, als den Herren, die sich um sein Bett versammelten, zu sagen, er sei des Kriegs müde und wolle abdanken. Als ihm jemand den Vorschlag machte, das Verhängnis dadurch abzuwenden, daß er mit einer angemessenen Geldsumme nach Wien ginge und den Kaiser seiner Treue versicherte, sagte er: »Der Vorschlag wäre gut, aber der Teufel traue.« Wie hätte er, der sich selbst nicht traute, dem Kaiser trauen können? Davon aber abgesehen, verwehrte ihm sein unbeugsamer Stolz, zu tun, wonach seine Schwäche verlangte.

Franz Albrecht von Sachsen-Lauenburg, mit dem sich Wallenstein schon gleich nach dem Überfall bei Steinau wieder in Verbindung gesetzt hatte, reiste nun zwischen Pilsen und Dresden hin und her, um die Vereinigung mit Sachsen zustande zu bringen. Sein Eifer und seine gute Laune wurden nicht dadurch getrübt, daß er krank war; es scheint, daß er eines stark bewegten Elementes bedurfte, um sich wohl zu fühlen. »Wann ich werde zu ihm kommen,« schrieb er am 14. Januar an Arnim, »werde ich bald sehen, ob es fix ist und nötig, daß I. E. selbst zu ihm kommen. Es kann wohl nicht anders sein, wenn etwas Rechtes daraus werden soll; er muß einen haben, der ihm hilft, merke ich wohl.« Dem unbefangenen Blick des jungen Herzogs ging es endlich auf, daß Wallenstein nicht der Mann der Überlegenheit und einsamen Größe war, wofür er angesehen wurde, sondern ein Zaghafter, Hilfloser, der sich ohne Unterstützung nicht bewegen konnte. Jetzt, da ihm die gewohnten Stützen entglitten waren, tastete er ängstlich nach neuen, mit durch den Stolz gehemmter Gebärde.

Als einige Tage später ein anderer sächsischer Unterhändler, Anton von Schlieff, in Pilsen eintraf, begrüßte Wallenstein ihn zuerst freudig in der Meinung, Schlieff werde ihm die demnächst bevorstehende Ankunft Arnims anzeigen. Anstatt dessen meldete er, Arnim werde erst in zehn bis zwölf Tagen kommen. Sofort bemerkte der Abgesandte, daß des Generals Miene sich veränderte und daß er zornig werden wollte, was er durch die Mitteilung abzulenken suchte, Arnims Anwesenheit in Berlin sei zur Beförderung der gemeinsamen Angelegenheit notwendig. Da lächelte Wallenstein und sagte, er könne sich vorstellen, daß der Kurfürst ihn nicht umsonst nach Berlin geschickt habe. Bei der Fortsetzung des Gespräches erschien er zwar zunächst noch etwas melancholisch, wurde aber zuletzt ganz freundlich und erkundigte sich nach des Kurfürsten Gesundheit und allerlei Familienangelegenheiten. Später ließ er Schlieff noch einmal zu sich rufen und sagte ihm, es sei ihm ganz recht, daß Arnim nach Berlin gereist sei; wenn er sich auch länger verweilte, so sei doch nichts dadurch versäumt.

Lebendig erscheint des Herzogs Wesen in diesem von Schlieff treu geschilderten kleinen Auftritt: seine Enttäuschung und sofort hervorbrechende Heftigkeit, wie er diese zu mäßigen sucht in dem unwillkürlichen Bestreben, ruhige Überlegenheit darzustellen, wie an die Stelle des zurückgehaltenen Zornes Schwermut tritt, bis der Schein des Unerschütterlichen gewonnen ist, in dem sich zu zeigen ihm stets angelegen war.

Neben den Vorbereitungen Wallensteins zu Schutz und Angriff liefen die des Kaisers her, beide sich gegenseitig beeinflussend und steigernd. Der erste, der es geradezu als Vorschlag aussprach, man solle Wallenstein töten, war der spanische Gesandte, der auf dem Kurfürstentag zu Regensburg gegen Bayern für den kaiserlichen General eingetreten war. Lange hatte Spanien an der Einbildung festgehalten, daß Wallenstein die kaiserlich-spanischen Interessen vertrete und daß nur die Sonderbarkeit seines Charakters dieser Tendenz zuweilen im Wege stehe; aber die Vorfälle des letzten Jahres hatten erwiesen, daß der Herzog, was immer, jedenfalls kein Freund der Spanier sei. Man darf glauben, daß am Hofe jedermann für dies offene Wort dankbar war; denn in Güte oder auch nur auf dem Rechtswege konnte ein so verwickelter Wust nicht mehr erfolgreich gelöst werden. Moralische Bedenken standen einem Morde nicht entgegen, und wie sehr damit gerechnet wurde, geht daraus hervor, daß beim Tode fast jeder hervorragenden Person, wenn er nicht unwiderleglich durch Krankheit oder Unfall verursacht war, Verdacht des Mordes sich verbreitete.

Besonders in Spanien galt der Monarch als befugt, wenn der Verdacht des Hochverrats vorlag, von sich aus, den üblichen Rechtsweg verlassend, Todesurteile zu verhängen und vollstrecken zu lassen. Die deutschen Habsburger hielten sich nicht für weniger dazu berechtigt als die spanischen, hatten sich aber gewöhnt, auf die im Reich viel mächtigere Aristokratie mehr Rücksicht zu nehmen; auch war Ferdinand persönlich gewalttätigen Handlungen abgeneigt. Er hatte das bewiesen, als vor Jahren sein Oheim Ferdinand vorschlug, den Kardinal Khlesl auf Grund einer Art Familienjustiz töten zu lassen, und er durchsetzte, daß eine mildere Form des Sturzes gewählt wurde. Die Clemenz des frommen Kaiserhauses war nun schon feststehender Begriff und gebräuchliche Formel geworden; indem man sich bis zu einem gewissen Grade dadurch gebunden fühlte, andererseits aber doch zur Verurteilung ein Recht zu haben überzeugt war, bewahrte der Hof keine folgerichtige Haltung in allem, was auf Wallensteins Tötung Bezug hatte: meistens zwar wurde vorausgesetzt, daß es sich um eine Exekution, um die Vollstreckung eines Urteils handle, zwischendurch aber so getan, als sei der Kaiser an dem blutigen Ausgang nicht beteiligt. Zu dieser zwiespältigen Handlungsweise trug bei, daß kein Beweis für wirklich ausgeübten Hochverrat vorlag und daß man Wallenstein, trotz theoretischer Kenntnis seiner eigenen Furchtsamkeit, so sehr fürchtete.

Begreiflicherweise verlangten die Offiziere, die es übernommen hatten, Wallenstein unschädlich zu machen, einen klaren Auftrag, der sie für alle Fälle sicherstellte. Die Gewalt von Wallensteins Persönlichkeit, der imperatorische Nimbus, der ihn umgab, erscheint auffallend in der Tatsache, daß die gegen ihn verschworenen Obersten nicht wagten, obwohl sie den Kaiser vertraten, offen gegen den abgesetzten General vorzugehen. Piccolomini verließ Pilsen, ohne das Ächtungsurteil bekanntgemacht zu haben, wie er hätte sollen; nur Mörder fanden sich, kein einziger, der den Mut gehabt hätte, dem Herzog offen als Feind oder als Vollstrecker kaiserlichen Befehls gegenüberzutreten. Insofern kann man sagen, daß der Kaiser zum Morde gezwungen wurde, ja, daß Wallenstein ihn selbst dazu zwang; denn seine Eigenart machte, daß er nur durch Mord, nicht im offenen Kampfe überwältigt werden konnte.

Das Wesen der Tragik des unseligen Mannes offenbart sich in diesen letzten Wochen seines Lebens, wo er, ein Sterbender und Untergehender, ein ganz Verlassener, fast ein Leichnam, dem überlegenen Feinde noch das Schwert aus der Hand zwingt und ihn zum feigen und heuchlerischen Mörder entwürdigt. Der gefürchtete Mann selbst wurde täglich mehr vom Gefühl seiner Ohnmacht durchdrungen und rief angstvoll nach der Hilfe, die sich ihm in Arnims Person verkörperte. Am 8. Februar bat ihn Franz Albrecht in des Herzogs Namen, sein Kommen zu beschleunigen. »Seine Liebden besorgen sich, es möchte sonsten noch etwas darein kommen, denn bei Hofe ist er sehr schwarz und redet man wunderlich von ihm und seinen Leuten. Wann Ih. E. kommen, wird er alles tun, was sie wollen ...« »Ich bitte nochmals um Gottes willen, sie kommen balde,« folgt als Nachschrift. Zehn Tage später, da Arnim noch nicht gekommen war, schrieb er wieder: »Diejenigen, so vom Herzog jetzt aussetzen, sind von den Spanischen Ministris bestochen worden, hat nichts zu bedeuten, er ist ihnen bastant und verläßt sich auf I. E. ...I. E. kommen um Gottes willen bald. P. S. I. E. versichern sich, daß er alles tun wird, was sie wollen ...«

Trotz dieser Hingebung, wie sie sich bei Wallenstein einstellte, wenn die Not ihn drängte, hielt er immer noch seine Zwickmühle mit dem doppelten Ausweg offen. Am 19. Februar, also einen Tag nachdem Franz Albrecht den flehentlichen Brief an Arnim geschrieben hatte, ließ er die Obersten, die noch in Pilsen waren, an sein Bett kommen und sagte ihnen, es sei ihm schmerzlich, daß man aussprenge, er traktiere etwas wider den Kaiser und wolle seine Religion ändern. Beides sei unwahr, er wolle nur den Frieden, und wenn er nach Prag ziehe, so tue er das nur, damit ihm kein Schimpf geschehe. Er verschmähte es nicht, Mitleid und Rührung durch seine Gebrechlichkeit zu erregen und indem er auf sein »hohes Alter« anspielte; er schickte Boten an den Kaiser, die seine Bereitwilligkeit abzudanken versichern sollten. Obwohl sich nicht leugnen läßt, daß er ein doppeltes Spiel spielte, ist es doch gewiß, daß ihm das eine wie das andere ernst war: er wäre am liebsten auf kaiserlicher Seite geblieben, wenn sich das mit seinem Stolz und seinem Drange nach Macht vereinbart hätte; er war auch bereit, sich im Notfall mit Sachsen zu verbünden, wobei er sich jedenfalls im Innern vorbehielt, demnächst eine feindselige Wendung gegen die Schweden und Franzosen zu machen. Noch am letzten Tage seines Aufenthaltes in Pilsen erklärte er einem seiner Obersten, daß er, wenn etwas gegen den Kaiser beschlossen würde, alle frei abziehen lassen würde; und in der Tat geschah dem Obersten Beck nichts zuleide, der den Mut hatte, sich Wallensteins Befehlen offen zu widersetzen. Nach Becks eigener Schilderung drohte ihm Wallenstein, im Bett liegend, mit dem Finger und warf ihm seinen Abfall vor; dann aber lenkte er ein und sagte, es sei wahr, Beck habe ihm nichts versprochen, er habe ihn allezeit für einen ehrlichen Soldaten und ein valorosisch Gemüt gehalten, wolle ihn gehen lassen, nur müsse er wegen der streifenden Reiter noch einen Tag hierbleiben. Wenn auch Becks Erzählung durch den Wunsch, sich ins beste Licht zu stellen, beeinflußt sein mag, wie andererseits Wallensteins Verhalten durch den Wunsch, den Anschein von Kaisertreue festzuhalten und sich den letzten Ausweg nicht durch eine gewaltsame, nicht wieder gutzumachende Handlung abzuschneiden, so spricht doch sein ganzes Leben dafür, daß er überhaupt Gewalttätigkeiten abgeneigt war. Die Furcht, die er erregte, ist nur durch seine gebietende und zugleich geheimnisvolle, verschlossene Erscheinung zu erklären, nicht durch seinen Charakter und seine Handlungen.

In der Nativität, die Kepler auf Wallensteins Wunsch im Jahre 1626 für ihn ausarbeitete, waren für die Jahre 1632, 1633 und 1634 fünf Gegenstellungen der Planeten Saturn und Jupiter vorausgesagt, der Planeten, die Kepler die des Herzogs Leben beherrschenden genannt hatte, gleichsam seine sieghafte und seine unheilvolle Seele. Insbesondere sollten die Gestirne im Monat März des Jahres 1634 ein wunderbares Kreuz machen, was, wie es scheint, eher als Unglückszeichen aufzufassen war. Es ist wahrscheinlich, daß diese Prophezeiung Wallenstein stets im Sinne lag und daß sie ihn lähmte; denn wenn er auch mehrere Astrologen zu befragen pflegte und von diesen gewiß einige das Willkommene weissagten, so wirkt doch der beängstigende Eindruck nachhaltiger, abgesehen davon, daß Keplers Ruf ihm am meisten Glaubwürdigkeit sicherte. Während des Sommers 1633, in den die auffallendsten Schwankungen Wallensteins fielen, zogen die Beteiligten astrologische Prophezeiungen ernstlich zur Erklärung heran; namentlich sollte der Überfall von Steinau durch die Hoffnung auf einen geweissagten Sieg veranlaßt sein. Jemand, der kaum einen Schritt tat, ohne das Schicksal zu befragen, wird ein so verhängnisvolles Zeichen wie das Kreuz nicht vergessen haben; es mag wie eine düstere Fackel seinen Gesichtskreis abgeschlossen haben, jenseits welcher die Nacht und das Nichts lag. Doch muß man sich nicht vorstellen, die Prophezeiung habe ihn beeinflußt: sie war nur das Symbol seiner Furcht, seines heimlichen Bewußtseins, daß ein Abgrund sich vor ihm auftun würde, wohin immer er ginge.

Ein grauenvolles Bild der Auflösung und des Unterganges tritt aus den Berichten der in Pilsen Anwesenden hervor. Einer nach dem anderen fiel ab; am 13. Februar verließ Gallas, am 17. Piccolomini Pilsen, die, denen er am meisten vertraut hatte. Die Einsicht, wie hilflos er durch seinen Mangel an Menschenkenntnis den Menschen gegenüberstand, muß das unheimliche Gefühl, als bebe die Erde unter seinen Füßen, gesteigert haben. Am 21. Februar brachte Terzky die Schreckenskunde an sein Krankenlager, daß er geächtet und daß Prag im Namen des Kaisers besetzt sei. An seinem Bette stritten Illo, Terzky und Kinsky, was nun zu beginnen sei, ob man in Pilsen bleiben oder sich in Eger festsetzen solle; Wallenstein entschied sich im Gefühl seiner Kraft- und Hilflosigkeit für Eger, um seinen neuen Verbündeten näher zu sein. Als Triumphator im Siegeswagen, von feurigen Rossen gezogen, den Stern überm Haupte, so hatte er sich in seinem Prager Hause malen lassen, wie er sich in glücklichen Träumen gesehen haben wird;

ein ohnmächtiger Kranker, der sich verloren fühlte und Mühe hatte, seinen aufgelösten Körper aufrechtzuhalten, flüchtete er dem Tode entgegen.

In äußerster Hast und Verwirrung wurden die letzten Vorkehrungen getroffen, Geld zusammengerafft und Boten nach allen Richtungen geschickt, um den Zuzug befreundeter Truppen zu beschleunigen. Jetzt war es klar, daß es dem Herzog ernst war, da er als Gestürzter und Hilfeflehender, nicht mehr als Herrscher kam.

Je mehr ihm die Möglichkeit schwand, seine Macht zu behalten, geschweige denn zu vermehren, je mehr es ihm also begehrenswert schien, eines Kampfes überhoben zu sein, der täglich aussichtsloser, ja verhängnisvoller für ihn wurde, desto mehr stellte es sich ihm so dar, als sei es ihm auch in der Vergangenheit wesentlich um den Frieden zu tun gewesen. »O Fried, Fried!« seufzte er, als er am Morgen des 21. Februar, krank im Bett liegend, den Oberst Mohr von Wald verabschiedete, der dem Kaiser sagen sollte, er habe nichts als den Frieden gewollt und sei bereit abzudanken. Als er die Nachricht vom Abfall der Truppen in Prag erhielt, hörte man ihn klagen: »Ich hatte den Frieden in meiner Hand!« und »Gott ist gerecht!« Er fühlte schmerzlich, daß er den Augenblick, wo er noch handeln konnte, wie es ihm für sich und für das Reich gut schien, sich hatte entgleiten lassen, weil er nichts wagen wollte, und daß nie ein gleicher wiederkommen würde.

Während Wallenstein nach Eger zog und Franz Albrecht von Sachsen-Lauenburg nach Regensburg eilte, um Bernhard von Weimar anzuspornen, brachte des Herzogs Neffe, Maximilian, sein Anerbieten abzudanken nach Wien. Noch immer behielt er sich vor, gerade das Gegenteil von dem zu tun, was er eben tat. Indessen wäre es, selbst wenn Ferdinand darauf hätte eingehen wollen, zu spät gewesen: die beteiligten Offiziere, die in Gedanken schon die Beute unter sich verteilten, zwangen ihn zur Entscheidung. Bei der Aussicht auf eine bevorstehende große Güterkonfiskation pflegten die Herren zu Bestien zu werden; wie die Raubtiere in einer Menagerie, wenn die Futterstunde kommt und sie das Fleisch wittern, gerieten sie in einen gefährlichen Zustand von Gier, die gestillt werden mußte, damit sie sich nicht etwa auf den eigenen Herrn warfen.

Denjenigen, der sein Mörder werden sollte, Oberst Butler, traf Wallenstein bei Plan und nahm ihn mit; er war mit seinem Regiment auf dem Wege nach Prag, wohin der General ihn beschieden hatte, noch ohne Kenntnis des Vorgefallenen. Ihm wie vielen anderen fiel die entgegenkommende Freundlichkeit des sonst so streng zurückhaltenden Herzogs auf.

Er wurde in einer Sänfte getragen und war von Schmerzen gequält. Nachmittags vier Uhr am 24. März, einem Montage, kam er in Eger an; um Mitternacht traf das kaiserliche Ächtungsdekret ein. Nach der Angst und Unruhe der letzten Zeit mag er sich einem verhältnismäßigen Sicherheitsgefühl hingegeben haben; denn die Bevölkerung der Stadt, obwohl durch seine eigene Mitwirkung gewaltsam katholisiert, barg doch noch protestantische Neigung, und namentlich den Kommandanten Gordon durfte er als einen Kalviner für die Vereinigung mit der evangelischen Partei leicht zu gewinnen hoffen.

Der argwöhnischste der Menschen, der niemandem traute, weil er selbst sich niemandem hingab, ahnte nicht, daß er von Mördern umstellt war. Obwohl er ganz kürzlich erfahren hatte, daß auch die, auf deren unbedingte Treue er gerechnet hatte, ihn verrieten, vertraute er sich ohne Rückhalt Männern an, die ihm weit weniger als jene verpflichtet waren. Noch einmal zeigte sich, wie er den Gegensatz klügelnden Mißtrauens und sorgloser Hingebung in sich vereinigte; als ein Träumer, der nur in seinem Innern wahrhaft heimisch war, sah er Gestalten seiner Phantasie statt Wirklichkeit, setzte Verrat voraus, wo er verriet, und Anhänglichkeit, wo er sich angezogen fühlte.

Die Berichte der Zeitgenossen über die Einzelheiten des Mordes sind verschieden: nach einigen sei Wallenstein im ersten Schrecken an das Fenster geeilt, um nach Hilfe zu rufen oder die Möglichkeit der Flucht zu erspähen; doch hält man sich mehr an die Fassung, nach welcher er schweigend die Arme ausgebreitet habe, um den tödlichen Stoß zu empfangen. Er hätte dann in seinem letzten Augenblick unwillkürlich die schöne Würde dargestellt, die über sein ganzes

Leben zu verbreiten ihm innerstes Bedürfnis war und die über seine traurige Schwäche hinweg der Nachwelt noch Ehrfurcht gebot.

Es gibt eine historische Figur, mit der Wallenstein in Persönlichkeit, Charakter und Schicksal auffallende Ähnlichkeit hat, das ist der letzte König von Sardinien, Karl Albert aus dem Hause Savoyen. Beide waren in ein ähnliches Zusammentreffen von Umständen hineingestellt: aus dem Zusammenbruch eines alten entseelten Staatskörpers sollte ein neues Gewächs hervorgehen, was nicht ohne Gewaltsamkeit geschehen konnte. Das neue Reich zu begründen, war allerdings Karl Albert durch die Geburt schon berufen, während Wallenstein sich die Grundlage, die dazu befähigen konnte, erst schaffen mußte; das Mehr von Tatkraft und Zielbewußtheit auf Wallensteins Seite, worauf der Unterschied schließen läßt, dürfte eben dem Unterschied der äußeren Umstände zu verdanken sein, die den Menschen anregen oder lähmen, jedenfalls ging es in dem Unterschied auf. Das Entscheidende ist, daß beiden eine Aufgabe zufiel, die nur durch Revolution erreicht werden konnte, und daß sie unfähig waren, Rebellen zu sein. Beide bedurften, um ersprießlich handeln zu können, einer legitimen Stütze, sowohl des Rechtstitels wie der Macht, da sie zu schwach waren, um Träger einer neuen, bestrittenen Fahne zu sein. Sie ergriffen auch die Aufgabe weniger, als daß sie ihnen zugeschoben wurde, weil sie die Eigentümlichkeit hatten, daß man ihnen das zutraute, wozu sie am allerwenigsten geeignet waren. Sie verkörperten noch die Kraft jugendlicher Vorfahren, besaßen sie aber nicht mehr, wohl aber maßlosen Herrschertrieb. Auf diesen ehrgeizigen Trieb, der zuweilen alle Hemmungen der Furcht und Bedenklichkeit überwältigte, rechneten diejenigen, die Wallenstein und Karl Albert auf den revolutionären Weg drängen wollten. Bei Karl Albert war es ja allerdings die historische Stellung des Hauses Savoyen, bei Wallenstein sein Besitz in Böhmen, seine Gewalt im Reiche, die die Blicke auf sie lenkte; doch kam als wesentlicher Faktor der Rechnung ihre Persönlichkeit dazu.

Schon in der Erscheinung tritt die Ähnlichkeit hervor. Karl Albert war ungewöhnlich groß, mager und gut gebaut, seine Haltung war eine ruhige, ein wenig steife Würde. Er machte den Eindruck eines Menschen, der zu befehlen gewöhnt ist, und flößte allen eine fast abergläubische Ehrfurcht ein, zugleich aber lag eine furchtsame Zurückhaltung in seinem Wesen. Sein ausdrucksvolles Gesicht verbarg doch seine Gedanken, seine Augen durchschauten alles und verrieten nichts. Im Verkehr war er meistens höflich gleichgültig, in der letzten Zeit eisig erstarrend; aber er konnte durch gütiges Wohlwollen unwiderstehlich anziehen, ja bezaubern. Er sprach wenig, doch hatte man den Eindruck von großer Intelligenz, und was er sagte, war scharf treffend, fein, witzig. Er suchte die Einsamkeit und zog sich in großer Gesellschaft plötzlich in einen stillen Winkel zurück, von dem aus er zerstreut in den Wirbel blickte. Glücklich fühlte er sich aber in der Einsamkeit nicht, denn er bedurfte der Hingebung der Menschen; nur daß sie ihm nie genügten. Er erlebte mehr in der Phantasie und in Träumen als in der Wirklichkeit.

Diese Charakteristik, die auf der Schilderung von Menschen beruht, die Karl Albert persönlich kannten, paßt durchaus auf Wallenstein.

Beide waren durch ihren Verstand und durch ihren Geschmack darauf gerichtet, über den Parteien zu stehen, hatten aber nicht die Kraft, diese beherrschende Stellung durchzuführen, und schwankten deshalb stets zwischen den Parteien. Aus Mangel an Menschenkenntnis und Instinktlosigkeit mißtrauisch und unfähig zu Entschlüssen, schlossen sie sich bald an die eine, bald an die andere Partei, täuschten alle und wurden zuletzt von allen gehaßt und verwünscht. Wenn man Wallenstein und Karl Albert als Lügner und Verräter brandmarkte, so war das gerecht und ungerecht; denn es wurde zwar, wer ihnen vertraute, betrogen: aber was als Lüge erschien, war nur die Folge eines angeborenen inneren Widerspruchs.

Beide, unzugänglich streng oder spöttisch erscheinend, gaben sich einzelnen, die auf sie eingingen, im Augenblick so hin, daß man von einer dirnenhaften Widerstandslosigkeit der Seele sprechen könnte. Das Bewußtsein der Schwäche machte sie zurückhaltend und menschenscheu; besonders Männern gegenüber waren sie besorgt, sich zu verraten, während sie das Ideal der gern, sogar wider besseres Wissen gläubigen und vergötternden Frauen waren und, dies herausfühlend, im Umgang mit ihnen sicherer und zutraulicher.

Die innere Unsicherheit nötigte beide, eine feste, alles Menschliche überragende Leitung außerhalb zu suchen: Wallenstein fand sie bei den Sternen, Karl Albert bei Gott. Auch Karl Albert hatte keinen Dämon in seinem Innern, dem er sich hätte überlassen können; um die fehlende Stimme zu ersetzen, fragte er, namentlich vor Schlachten, eine Nonne um Rat, die er für gotterfüllt hielt. Seine Devise J'attends mon astre erinnert an Wallensteins vertröstende Worte, er werde alles tun, wenn die Sterne die rechte Stunde anzeigten; beide fühlten sich zu großen Taten berufen, schoben sie aber stets hinaus, weil sie sich zur Ausführung zu schwach wußten, zum Teil auch, weil sie den Vorgenuß in der Phantasie dem Genuß des Handelns vorzogen. Auch Wallenstein hätte wie Karl Albert sagen können, je me ferai connaître, sich und anderen versprechend, daß er die Hülle der Tatenlosigkeit und Kälte, hinter der er sich verbarg, einmal strahlend durchbrechen werde, und hätte nicht erkannt oder nicht erkennen wollen, daß die Hülle mit ihm verwachsen und undurchdringlich war.

Beide, Karl Albert und Wallenstein, gingen zugrunde, als sie gezwungen wurden, die schützende und bergende Hülle zu durchbrechen und die Tat zu tun. Beide starben mit einundfünfzig Jahren; es ist anzunehmen, daß der Zeitpunkt von Wallensteins natürlichem Tode ungefähr mit dem gewaltsamen zusammengefallen wäre. Die würdige Haltung, mit der beide ihr Schicksal vollendeten, wirft einen veredelnden Glanz über ihr disharmonisches Leben.

Made in the USA
Monee, IL
08 July 2026